W0171450

Biographie
Die Gesandte des Christus Gottes,
Seine Prophetin der Jetztzeit,
Gabriele

1. Auflage Oktober 2011
© Gabriele-Verlag Das Wort GmbH
Max-Braun-Str. 2, 97828 Marktheidenfeld
Tel. 09391/504-135, Fax 09391/504-133
www.gabriele-verlag.de

Druck: KlarDruck Marktheidenfeld
Covermotiv: © Photosani / fotolia.de

ISBN 978-3-89201-332-7

Biographie

Die Gesandte des Christus Gottes,
Seine Prophetin der Jetztzeit,

Gabriele

Gabriele-Verlag
Das Wort

Gabriele, die Prophetin Gottes
Der Ewige bejaht eine Kohlezeichnung, aber keine Photographie.

Inhalt

Kapitel 2

Der Durchbruch des Inneren Wortes und
die Ausbildung zur Prophetin des Herrn

9

Vorwort

Immer wieder erreichen uns Briefe aus aller Welt, z.B.:

„Ich war in der ganzen Welt, habe studiert und so vieles gelesen und doch nirgendwo das gefunden, was ich suchte. Jetzt habe ich die Lehren entdeckt, die Gott, der Ewige, durch Gabriele gegeben hat – und ich weiß, das ist die Wahrheit; das habe ich gesucht."

„Ich möchte Ihnen sagen, dass mir durch die Prophetin Gabriele der Christus-Gottes-Geist näher und verständlicher wurde ..."

„Mit den Büchern [von Gabriele] arbeite ich täglich, und mein Leben hat solch eine Kehrtwende genommen."

„Es ist ein wunderbares Geschenk: Unsere Schwester Gabriele lässt uns Gott in uns spüren. Es sind Augenblicke, aber sie geben uns die Bewusstheit Seiner Liebe und der Einheit mit der Schöpfung."

„Wir sind Gabriele sehr dankbar für die Lehren, die sie uns bringt. Wir haben verstanden, dass hinter dem Vegetarismus, den sie lehrt, eine viel größere Dimension der Güte gegenüber den Menschen, der Natur und den Tieren steht. ... Wir sind unserem Herrn wirklich sehr dankbar für diese Belehrungen über so einfache, aber fundamentale Zusammenhänge!"

„Als erstes danke ich Gott, dem Allmächtigen, für dieses Licht, das Er uns für den Beginn des 21. Jahrhunderts bringt. Es ist eine mächtige Kraft, und es erschüttert und revolutioniert alle Lehren, die wir seit unserer Kindheit bekommen haben. In gleicher Weise danke ich Gabriele für das Werk, das sie erfüllt."

Viele Briefe schließen dann mit der Frage: Wer ist Gabriele? Und: Wie kann ich mehr über sie erfahren? Wie kam es zu ihrer Berufung als Prophetin?

Nachdem diese Fragen so viele Menschen in nah und fern bewegen, ist es uns ein Anliegen, das hier vorliegende Buch zu veröffentlichen: eine Biographie über Gabriele, die Prophetin und Botschafterin Gottes für unsere Zeit.

Gabriele-Verlag Das Wort

Eine Prophetin Gottes – in unserer Zeit?

Wahre Spiritualität hat nichts mit Religion zu tun. Gott, unser himmlischer Vater, hat die Menschen nicht in Religionen eingeteilt – diese Abgrenzung ist Menschenwerk. Es gibt nur einen Gott, ob wir Menschen Ihn nun Gott nennen, Allah oder All-Geist, kosmische All-Intelligenz, universeller Geist – es ist immer derselbe Gott, der Vater aller Seiner Kinder, der Schöpfer allen Lebens. Er ist Liebe, Freiheit und Einheit. Ob wir an Ihn glauben oder nicht – Er ist unser aller himmlischer Vater.

Ein liebender Vater lässt Seine Kinder niemals im Stich – das tut auch Gott, der Ewige, nicht, denn Er ist die Liebe selbst. Zu allen Zeiten sandte Er Seine Boten zu uns Menschen. Aus der Überlieferung sind uns die Namen großer Propheten bekannt, z.B. Mose, Jesaja, Jeremia, Hosea, und, als dem größten Propheten, Jesus von Nazareth. Auch nach Jesus von Nazareth erschienen immer wieder große prophetische Gestalten wie Johannes von Patmos, Montanus, Mani oder Bogumil, um nur einige zu nennen.

Wenn seitens kirchlicher Institutionen behauptet wird, die Offenbarung Gottes habe „in Jesus Christus ihren unüberbietbaren Höhepunkt und Abschluss gefunden",[1] dann ist das ein Widerspruch zu ihrer eigenen Bibel, in der zu lesen ist: *„Jagt der Liebe nach! Strebt aber auch nach den Geistesgaben, vor allem nach der prophetischen Rede! ..."* Und: *„Auch über Meine Knechte und Mägde werde Ich von Meinem Geist ausgießen in jenen Tagen, und sie werden Propheten sein. ... "* Oder: *„Wir haben desto fester das prophetische Wort, und ihr tut wohl, dass ihr darauf achtet als auf ein Licht, das da scheinet in einem dunklen Ort, bis der Tag anbreche und der Morgenstern aufgehe in euren Herzen."* (2 Petr. 1,19)

Und Jesus von Nazareth kündigte vor 2000 Jahren an: *„Noch vieles habe Ich euch zu sagen, aber ihr könnt es jetzt nicht tragen. Wenn aber jener kommt, der Geist der Wahrheit, wird Er euch in die ganze Wahrheit führen."*

Gabriele, die Prophetin und Botschafterin Gottes für unsere Zeit, ist der lebende Beweis dafür, dass Gott sich auch heute nicht den Mund verbieten lässt. Denn der freie Geist weht, wo Er will.

Die Frage, warum Gott immer wieder Seine Propheten zu uns Menschen sendet, beantwortete Gabriele selbst schon Mitte der 1990er Jahre ausführlich – und ihre Analyse hat bis heute nichts an Aktualität eingebüßt:

„Aus der geschichtlichen Vergangenheit wissen wir, dass Gott, der Ewige, immer dann Propheten zu uns Menschen schickte, durch die Er nicht nur ernst mahnte, sondern auch intensiv den Weg wies, wenn die Verwilderung des Volkes zunahm, die sich in den niedrigsten Exzessen und Ekstasen des menschlichen Ichs ausdrückte und durch die krassen Zuwiderhandlungen gegen die fundamentalen Prinzipien der göttlichen Ordnung eine entscheidende Wende in der Geschichte der Menschheit einleitete.

Betrachten wir unsere heutige Welt und analysieren wir die täglichen Geschehnisse und Ereignisse, dann ist offensichtlich, warum Gott in dieser Zeit einen Propheten schickt, durch den Er Sich offenbart. Der Wachsame erkennt, dass wir jetzt an einem gewaltigen Wendepunkt irdischen Lebens stehen, einem Umbruch, wie er in der Geschichte der Menschheit noch nicht dagewesen ist. In unserer Zeit erleben wir die Anfänge und die Ereignisse, die in der Offenbarung Johannes bildhaft wiedergegeben sind.

Katastrophen, sowohl in der Welt als auch von der Erde ausgehend, nehmen überhand. Die Menschen haben die

Erde und deren Schutzschild, die Atmosphäre, weitgehend zerstört. Die Stratosphäre öffnet sich immer mehr. Die Einflüsse aus dem Weltall treffen uns Menschen auf unterschiedliche Art und Weise.

Die Meere sind zu Müllhalden menschlicher Un-Kultur geworden; wir finden darin die Abwässer unzähliger Fabriken und abgelagerten, strahlenden Atommüll. Die Böden der Erde sind ausgelaugt. Die Regenwälder, die die Lunge der Erde sind, werden landstrichweise abgeholzt. Riesige Wassermassen werden umgeleitet und entsprechende Staudämme errichtet. An Pflanzen und Tieren wird manipuliert; Tiere werden unsagbar gequält, auch in Laboratorien zu Versuchszwecken. Tausende und Abertausende Tierarten sterben, weil die Erde ihnen infolge des Eingreifens der Menschen in die Wirkungsgefüge der Natur keinen Lebensraum mit den ihnen entsprechenden Lebensbedingungen mehr bieten kann.

Menschen werden immer grausamer. Mit menschlichen Organen macht man Geschäfte. Wissenschaftler so mancher Fachrichtungen greifen bewusst in Bereiche und Strukturen des Lebens ein – Übergriffe in die von Gott gegebene Ordnung, vor denen bislang noch eine gewisse natürliche Scheu den Menschen zurückhielt. Bisher unbekannte Krankheiten nehmen zu. Schicksale häufen sich und ballen sich zusammen. Hungersnöte, Krankhei-

ten, bestialische kriegerische Handlungen, Gewaltverbrechen bedrohen die Menschen in allen Bereichen der Erde. Das Gefälle zwischen Reich und Arm wird immer größer. Es gibt immer mehr Skandale, immer mehr Fälle von Korruption. Ungleichgewichte, Ungerechtigkeit, Manipulation, Lug und Betrug im Kleinen wie im Großen sowie die Arbeitslosigkeit führen zunehmend zu Spannungen. Die unhaltbaren Zustände in der Welt werden zusehends krasser und alarmierender; Entwicklungen überschlagen sich bereits – was gestern noch galt, ist heute schon null und nichtig. Das gilt auch für das Wort der Mächtigen auf dieser Erde. Schon an diesen wenigen Schlaglichtern ist abzulesen, dass wir in der ersten Phase eines Umbruchs von gewaltigen Ausmaßen und mit katastrophalen Folgen stehen.

Für den Zustand der Verwilderung des Volkes ist charakteristisch, dass alle ethischen und moralischen Werte schwinden. Zügellosigkeit greift um sich. Es ist offensichtlich, dass das institutionelle »Christentum« den Menschen keinen Halt mehr bietet. Die Kirchen werden trotz ihres Prunkes und ihrer goldenen Pracht leerer – so leer wie manches »fromme« Wort, das darin gesprochen wurde und wird. Viele, die Gott, ihren Vater, und die Wegweisung hin zu Ihm in den Kirchen suchten, mussten feststellen, dass Er dort nicht zu finden ist. Der Gott der Kirchenlehre hilft ihnen weder, ihr persönliches Schicksal zu verstehen, noch diesem zu begegnen. Weil die Menschen es mit dem Glaubensbild eines liebenden Gottes nicht in Einklang bringen können, dass ihre Schicksale, ihre Krankheiten, ihre Nöte und alles, was die Welt an Unrat trägt, von diesem Gott weder gelindert noch aufgehoben wurden, haben sie den Glauben an Gott verloren. Einem Gott, der Seine Kinder in die ewige Verdammnis schickt, bringt man schwerlich Vertrauen entgegen. Die kirchlichen Machthaber mit ihrem persönlichen Schaugepränge stellen sich nur selbst dar, anstatt die klare und unverfälschte Lehre des Jesus, des Christus, zu lehren und diese selbst zu verkörpern in dem Bewusstsein, dass sie selbst nichts sind, sondern die Diener Dessen sein sollten, Der alles ist, um Dem die Ehre zu geben, Den Gott uns gesandt hat: Seinem Sohn.

Die sogenannten kirchlichen Amtsträger hängen sich an den Staat, um über den Staat Kirchensteuer und dergleichen zu beziehen, also die entsprechenden Vergünstigungen, die eine Amtskirche – gleichsam eine Staatskirche – zu beanspruchen sich herausnimmt. Das Kirchenvolk und das Volk zahlen für die kirchlichen Obrigkeiten, ohne zu fragen, wofür.

Besinnen wir uns auf das Leben Jesu, auf Seine Lehre, die Frohbotschaft, die Verkündigung der großen Liebe

Gottes, und vergleichen wir damit das heutige Christentum, dann stellen wir fest: Von der einfachen und schlichten Lehre Jesu ist kaum mehr etwas übriggeblieben. Alles ist auf Kirchenmacht und Kirchenprofit ausgerichtet. Wenige Kirchenchristen wissen, dass sie selbst der Tempel Gottes sind und dass der Geist Gottes in ihnen wohnt. Wenige wissen, dass sie sich schlicht und einfach nach innen zum Gott des Herzens wenden können, um unmittelbar mit Ihm Zwiesprache zu halten durch das Gebet, das sie im Alltag zu erfüllen trachten, und Ihm näherzukommen durch die Erfüllung der Gebote Gottes und der Bergpredigt Jesu. Dazu bedarf es keiner Kirchenfürsten, keiner goldverbrämten Kirchenbauten, keiner Dogmen und Riten, sondern einzig des Wissens, dass Gott, Der im Herzen der Menschen wohnt, sie liebt und ihnen helfen möchte, wenn sie es wollen. Wir brauchen nicht mehr als das Wissen, dass der Mensch für alles, was er tut, selbst verantwortlich ist, nach den sinngemäßen Worten Jesu in der Bergpredigt: Für jedes unnütze Wort musst du Rechenschaft ablegen am Tage des Gerichts. – Das gilt auch für bösartige Gedanken, für unlauteres Fühlen und niederes Tun, für das Handeln nach den niedrigsten menschlichen Trieben.

Daraus geht hervor, dass der Mensch das, was er sät, auch ernten wird. Nicht Gott schickt uns das, was wir heute zu tragen und zu leiden haben; nicht Gott hat die Erde und die Meere verunreinigt; nicht Gott greift in die Atmosphäre ein, um sie zu öffnen; nicht Gott schickt uns die Hungersnöte, die Krankheiten und das Leid. Nicht deshalb hat uns Gott Seinen Sohn gesandt, damit wir lernen, wie man Kindern der Dritten Welt die Organe aus dem Leib reißt, wie man Tiere quält, tötet und verzehrt, wie man Regenwälder abholzt und die Wasseradern der Erde durch riesige Staudämme umleitet. Gott sandte uns nicht Seinen Sohn, um uns zu lehren, wie man durch Ellbogenwirtschaft reich wird, so dass das Gefälle der Armut entsteht. Jesus lehrte uns auch nicht die bestialischen kriegerischen Handlungen und gab uns auch nicht den Rat, auf kirchliche Machthaber zu hören. Er sprach zu uns Menschen: »Folget Mir, Jesus, dem Christus, nach!« Wie? Das lehrte Er uns in einfachen, schlichten Lebensregeln, die zugleich die höchsten Lehren sind. Die Masse des Volkes wurde träge und dumm gehalten und ließ es sich gefallen, auch dass Theologen, kirchliche Machthaber, zu Verwaltern einer Religion wurden, die nur das Mäntelchen »christlich« trägt.

Soll der Christus Gottes schweigen, wenn Seine Lehre entstellt und zur Machtausübung und zum Sammeln von Reichtum verwendet wird und Gläubige der Kirchen in *die Irre geführt werden? Von der Inneren Religion, der Religion des Herzens, der tiefen Gläubigkeit im rechten Tun der Lehre, ist in den institutionellen Kirchen nichts mehr vorhanden.*

Dass Gott in dieser Zeit einen Propheten zu den Menschen schickt, durch den Er Sich offenbart, um Seine Kinder, die Er liebt, von ihren sich selbst auferlegten Qualen, die nach dem Gesetz von Saat und Ernte auf jeden irgendwann zukommen werden, zu erretten, kann nur der verstehen, dem zur Gewissheit geworden ist, dass Gott die Liebe ist, dass Er, Gott, unser ewiger Vater, Sich um uns, Seine Kinder, sorgt. Der Beweis Seiner großen Liebe ist Sein göttlicher Sohn, der Mitregent der Himmel, der zu uns Menschen kam, der uns als Jesus von Nazareth unseren ewigen Vater der Liebe näherbrachte, Der einzig in jedem Menschen zu finden ist – im Gebet im stillen Kämmerlein und durch die Erfüllung Seiner Gebote und der Bergpredigt.

Diese einfachen Jesusworte, diese Hinweise und lebensnahen Lehren, Gott, unseren ewigen Vater, in unserem Herzen zu erfahren, wurden von den kirchlichen Amtsträgern geflissentlich unterdrückt. Die Menschen wurden auf kirchliche Amtspersonen ausgerichtet, auf Pfarrer, Priester, Bischöfe, Kardinäle oder den, der sich »Heiliger Vater« nennen lässt. Dies alles wollte Jesus nicht. Dies alles brauchen wir auch nicht. Jesus lehrte uns das Vater-unser und dass wir unserem Nächsten vergeben und unseren Nächsten für unsere Sünden um Vergebung bit-ten sollen, dass uns nur dann unser ewiger Vater vergeben kann, wenn wir das von Herzen tun. Auch dazu bedarf es keiner kirchlichen Amtsperson und keiner Ohren-beichte, die Sünder anderen Sündern abnehmen zu wol-len sich erdreisten – angeblich im Auftrag Gottes.

»Liebe Gott von ganzem Herzen, mit deiner ganzen Seele, mit all deinen Kräften und deinen Nächsten wie dich selbst.« Das ist eine einfache und schlichte Lehre – »natür-lich« zu einfach für die kirchlichen Amtspersonen. Hin und wieder wird sie von ihnen verklausuliert wiederge-geben, doch der rechte Sinn dieser großen und einma-ligen Lehre wird nicht verdeutlicht und vor allem nicht vorgelebt. Würden die Vertreter der Amtskirchen diese einmalige Lehre, Gott von ganzem Herzen zu lieben, ver-körpern, dann hätten sie kein Recht mehr, sich kirchliche Würdenträger zu nennen.

Gerade in dieser Zeit, in der sich ein gewaltiger Zusam-menbruch anzeigt, sandte Gott wieder einen Propheten, um der Menschheit zu sagen: ICH BIN gegenwärtig. ICH BIN da, auch in der schwersten Zeit. – Gott wird jedoch keinen Menschen zwingen, Ihn zu hören. Gott gibt durch den Propheten, und wer Seine Worte an- und aufnimmt, *sie also im täglichen Leben verwirklicht, der erlebt Gott in seinem Herzen.*

Nach mehr als 20 [mittlerweile 36] Jahren prophetischen Wirkens fühle ich mich immer noch nicht dieser mächtigen Aufgabe gewachsen. Ich wollte nie Prophet sein. Doch in der Seele eines Propheten liegt die Prophetische Weisung Gottes, die vom Propheten erfüllt werden muss. Als ich Gott in meinem Herzen fand, wollte ich ausschließlich Sein Kind, Seine Tochter, sein und Seinen Willen erfüllen. Das Prophetenamt ist mir schon immer schwergefallen und fällt mir auch heute schwer, doch ich tue es, weil Gott es so will. Letztlich bin ich Prophetin wider Willen."

In diesen Worten klingt bereits ein Thema an, das uns durch dieses Buch begleiten wird. Der Schweizer Theologe Walter Nigg fasste es in seinem Buch „Prophetische Denker" so zusammen:

„So verschiedenartig das Leben der einzelnen Propheten war, gemeinsam war ihnen allen ein überaus schweres Schicksal. Nie wurden Propheten mit offenen Armen aufgenommen; allzeit setzten die Menschen ihren Worten den stärksten Widerstand entgegen. ... Prophetsein ist eine der härtesten Bestimmungen für einen Menschen."[2]

Gabriele musste auch erleben, wie sich die Feinde des Prophetischen Wortes gegen sie verbündeten – die Feinde, die bereits Walter Nigg in prägnanter Weise charakterisiert:

* „Der bekannteste Feind der Prophetie ist die Masse." [3] Wobei Nigg damit auch Menschen meint, die träge und gleichgültig in den Tag hineinleben, die ihr Gewissen preisgegeben haben und sich von demagogischen Anführern missbrauchen lassen. Zum Beispiel von Journalisten, so muss man heute hinzufügen, die in opportunistischer Weise nach ebenso billigen wie zynischen Effekten haschen, die ihnen der Feind Nummer zwei mundgerecht serviert:

* „Der zweite Feind der Propheten ist der Priester. ... Wie es auch immer um den Priester bestellt sein mag, er ist auf alle Fälle ein Vertreter des Bestehenden ...", also der von Menschen gemachten „Tradition", die jedoch mit dem Willen Gottes kaum etwas zu tun hat. Doch Walter Nigg sagt aus: „Dem Propheten ist die Aufgabe gegeben, Gottes Willen zu verkünden, der dem Gebot der Stunde entspricht." [4] Die Priesterkaste hingegen, die Gott nie eingesetzt hat, verteidigt ihre Macht und ihren materiellen Besitzstand mit Zähnen und Klauen. Und sie hat einen neuen Verbündeten:

* „Dem Propheten ist ... ein neuer, dritter Feind er-
wachsen, und das ist die Tiefenpsychologie."[5] Eine
Wissenschaft, die sich für manche Menschen über
ihr durchaus sinnvolles Einsatzgebiet hinaus zu einer
Art Religionsersatz entwickelt hat, wertet alles ab
und „erklärt" alles weg, was nicht zähl- und messbar
ist.

Doch auch ein Heer von Feinden, mit allen Mitteln
dieser Welt ausgestattet, hat es nicht vermocht, das
Prophetische Wort der heutigen Zeit aufzuhalten.
Gabriele ist der lebende Beweis, dass Gott, unser ewiger
Vater, uns Menschen nicht alleine lässt, auch nicht im
20. und 21. Jahrhundert – ja gerade nicht in einer so
schwierigen Zeit wie der heutigen. Er liebt Seine Kinder
im Erdenkleid und möchte sie vor Unheil bewahren.

Durch Gabriele, Seine Prophetin und Botschafterin, hat
der Christus-Gottes-Geist z.B. frühzeitig und rechtzeitig
vor der bevorstehenden Klimakatastrophe gewarnt. Wer
diese Warnungen nicht hören wollte und zugleich ver-
hinderte, dass sie viele Menschen erreichen konnten,
das war die Priesterkaste der heutigen Zeit. Sie ist auch
verantwortlich dafür, dass entsprechende Weichen-
stellungen nicht rechtzeitig eingeleitet wurden, um die
gegenwärtigen und bevorstehenden Katastrophen ab-
zuwenden.

Ein Gottesprophet, das stellt Gabriele einmal mehr unter Beweis, ist jedoch weit mehr als ein Warner. Durch ihn gibt Gott den Menschen der jeweiligen Zeit Orientierung. Er erläutert ihnen die Gesetze Gottes, zeigt ihnen, wie sie im Inneren Gott näherkommen und wie sie im Äußeren ein Leben in Frieden und Harmonie mit der gesamten Schöpfung führen können.

Bei Gabriele kommt noch etwas Entscheidendes hinzu: Sie ist eine Lehrprophetin. Doch wer kannte vor ihrem Wirken auf dieser Erde überhaupt den Unterschied zwischen Künderprophet und Lehrprophet? Je länger man sich mit dem befasst, was durch Gabriele auf diese Erde kam und noch immer kommt, desto klarer wird, welch ein einmaliges Juwel Gott, unser himmlischer Vater, hier unter uns gestellt hat.

Gott hat immer wieder Prophetinnen und Propheten zu uns gesandt. Aber noch nie zuvor haben wir im Detail erfahren, was einen Propheten eigentlich ausmacht, und wie er vorbereitet und ausgebildet wird, um seinen Auftrag erfüllen zu können, oder wie sich das Prophetische Wort genau vollzieht – und wie der Mensch das kosmische, das absolute Bewusstsein wieder erlangen kann, das im Urgrund der Seele jedes Menschen angelegt ist.

Und das ist etwas, das wirklich jeden Menschen angeht: Zu Propheten, zu Wortträgern Gottes, sind nur wenige *berufen*. Doch jeder Mensch ist *gerufen*, seine Seele zu reinigen, um den Willen und das Wort Gottes eines Tages wieder rein und klar in sich zu vernehmen. Auf diesem Weg nach Innen Schritt für Schritt voranzukommen, das ist letztlich der Sinn unseres Erdenlebens. Gabriele ging und geht uns diesen Weg voraus – und sie berichtet darüber, dass ihr dabei nichts in den Schoß fiel. Denn was der Prophet ausspricht, das muss er zuvor selbst verwirklicht haben. Sie berichtet über ihren Lebensweg, der bis heute alles andere als einfach ist. Doch gerade deshalb können diese Berichte für jeden, der sie offenen Herzens liest, eine Quelle der Inspiration und Hoffnung für den eigenen Weg zum Inneren Leben sein.

Kein Mensch kann einem anderen beweisen, dass es wirklich der Geist Gottes ist, der sich heute erneut durch Gabriele offenbart. Doch jeder, der es möchte, kann es sich selbst beweisen: Indem er die Lehren, die uns durch sie geschenkt wurden und werden, in seinem eigenen Leben Schritt für Schritt anwendet. Jesus von Nazareth sagte es in der Bergpredigt: *„Wer diese Meine Worte hört und sie tut, der ist ein kluger Mann, der sein Haus auf Fels gebaut hat."*

Die diesem Buch zugrunde liegenden Inhalte werden hier aus verschiedenen älteren Schriften neu zusammengefasst und miteinander in Bezug gesetzt; auch weitere, noch nicht veröffentlichte Aspekte aus dem Leben der Gottesprophetin Gabriele werden beschrieben, so dass ein neues Gesamtbild entsteht. Die Darlegungen umfassen den Zeitraum von der Geburt Gabrieles bis zum heutigen Tag. Wer Näheres darüber erfahren möchte, welches hohe geistige Wesen hier in einer Frau aus dem Volke einverleibt ist, oder wer ausführlich nachlesen will, mit welch unglaublicher Kreativität für alle Lebensbereiche sie agiert und mit welchem Durchhaltevermögen sie trotz bösartigster Anfeindungen ihren Auftrag aus den Himmeln seit mittlerweile über 36 Jahren erfüllt, der sollte darüber hinaus zu folgenden Büchern greifen: „Das Wirken des Christus Gottes und der göttlichen Weisheit" sowie „Des Satans alte Kleider".

Marktheidenfeld, Oktober 2011
Matthias Holzbauer

Kapitel 1
Jahre der Vorbereitung

Wie verläuft die Kindheit und Jugend einer Gottesprophetin? War sie eine Art Wunderkind? Ließ sie frühzeitig übersinnliche Fähigkeiten erkennen? Stammte sie aus einer bekannten Familie, die ihre Talente frühzeitig zu fördern wusste? Wer hier Sensationen erwartet, der lässt außer acht, dass Gott, der Ewige, unser aller Vater, es nicht nötig hat, die Erwartungen dieser Welt zu bedienen, um die Herzen Seiner Kinder zu erreichen. Im Gegenteil: Das wäre, wie wir noch sehen werden, diesem Ziel eher abträglich.

Bis etwa zu ihrem 35. Lebensjahr verlief das Leben Gabrieles weitgehend unspektakulär. Und sie selbst wäre die Letzte, die sich mit ausführlichen Erzählungen oder Anekdoten aus ihrem Leben hervortun würde. Was im Folgenden zusammengefasst wird, stammt im Wesentlichen aus Antworten, die sie gab, nachdem sie ausdrücklich danach gefragt wurde. Gabriele spricht oder schreibt über sich selbst und über ihr Leben grundsätzlich nur, wenn sie spürt, dass ihre persönlichen Erfahrungen anderen Menschen dabei helfen können, ihr eigenes Leben besser einzuordnen und sich neue, auf die Zehn Gebote Gottes und auf die Bergpredigt des Jesus, des Christus, ausgerichtete Ziele zu setzen.

„Wo aber Gefahr ist,
wächst das Rettende auch.“

Gibt es im Leben Zufälle? Darüber mag man geteilter Meinung sein. Doch wenn es keine Zufälle gibt – und davon gehen Nachfolger des Jesus von Nazareth aus –, dann gilt das umso mehr, wenn Gott, der Ewige, ein Geistwesen aus den Himmeln zur Erde sendet, damit es als Mensch, als größter Lehrprophet seit Jesus von Nazareth, das Wort Gottes erneut verkündet.

Jedes Geistwesen, das seinen Auftrag aus den Himmeln auf der Erde erfüllt, geht freiwillig zur Menschwerdung. Sehr anschaulich ist dies in dem Prophetenbuch des Jesaja im Alten Testament aufgezeichnet:
„Danach hörte ich die Stimme des Herrn, der sagte: Wen soll ich senden? Wer wird für uns gehen? Ich antwortete: Hier bin ich, sende mich!“ ...

Durch die Sendung der Gottespropheten wird das Licht in die Finsternis gesandt. So war es auch bei Gabriele.

Im Januar 1933 wurde im Deutschen Reich ein verhängnisvoller Machtwechsel angestrebt. Mit Intrigen und Geheimgesprächen wurde die Machtergreifung eines Mannes vorbereitet, der sich zuvor bereits zum „Führer" des deutschen Volkes hatte hochstilisieren lassen und der mit diabolischer Rhetorik die Massen in seinen Bann zog. Der jugendliche Idealismus einer ganzen Generation wurde fehlgeleitet und endete schließlich in der Zerstörung eines ganzen Kontinents und darüber hinaus. Doch in genau derselben Zeit wurde in aller Stille von der göttlich-geistigen Welt etwas ganz anderes vorbereitet. Im Herbst 1933, gerade einmal acht Monate nach der „Machtergreifung" in Berlin, kam in einer Kleinstadt im bayerischen Schwaben die Tochter eines Schneidermeisters zur Welt und wurde auf den Namen „Gabriele" getauft. Niemand ahnte damals auch nur entfernt, dass uns Menschen durch diese Schneiderstochter später einmal dem Mitregenten der Himmel der Weg bereitet werden würde: Christus, dem Sohn Gottes, der in jedem Menschen wohnt.

Man könnte auch mit Friedrich Hölderlin sagen: „Wo aber Gefahr ist, wächst das Rettende auch" – und zwar nicht nur auf die spezielle Geschichte Deutschlands bezogen, sondern auch insgesamt auf die katastrophale Situation der Welt, in der wir uns heute befinden.

Herkunft aus einfachen Verhältnissen

Nun mag der Leser fragen: Weshalb werden keine genauen Namen und Daten genannt? Warum diese Diskretion? – Zum einen deshalb, weil der Mensch Gabriele mit seiner genauen Herkunft zurücksteht gegenüber dem geistigen Wesen, das sich auf der Erde einverleibt hat, um einen außerordentlich bedeutsamen geistigen Auftrag zu erfüllen. Zum anderen aber haben, wie wir später noch sehen werden, die Inquisitoren unserer Tage – man könnte sie auch Verleumdungsbeauftragte der Kirchen nennen – mit ihren Anwürfen bis hin zum Rufmord, mit ihren Schnüffeleien und mit ihrer Spionage- und Verleumdungssucht dafür „gesorgt", dass Gabriele ihre Verwandten seit langer Zeit nicht mehr besuchen kann. Sie wollen nicht weiter von dem journalistischen Kesseltreiben behelligt werden. Und diesen Wunsch sollte man respektieren.

Dabei gab und gibt es in der Herkunft wie im Lebenslauf Gabrieles bis auf den heutigen Tag rein gar nichts auszukundschaften, was in irgendeiner Weise gegen sie ins Feld geführt werden könnte. Eine einfache Handwerker-Familie war ihr Elternhaus. Und das war bei großen Gottespropheten häufig so: Amos etwa, Sohn eines

Hirten, war selbst Hirte und züchtete Maulbeerfeigen. Oder nehmen wir Jesus von Nazareth, den Sohn eines Zimmermanns, der selbst in diesem Beruf tätig war. Und jetzt: eine Schneiderstochter.

„Handwerk hat goldenen Boden", sagt man zwar. Doch Gabrieles Familie lebte in schlichten, einfachen Verhältnissen. Was die Eltern jedoch für ihre Kinder tun konnten, das taten sie.

Schon bald wurde allerdings auch Gabrieles Kindheit vom Krieg überschattet. Der Vater musste Soldat werden wie andere Väter auch – und als er Jahre später zurückkam, fand er das Haus, das er sich durch harte Arbeit erworben hatte, teilweise zerstört vor. Mit zähem Fleiß wurde es wieder aufgebaut.

Es ist bekannt, dass in den Kriegsjahren der Schulunterricht sowohl von der Anzahl der Unterrichtsstunden als auch von der Qualität der Lehrer her sehr einfach war. Häufig gab es Fliegeralarm, und der Unterricht fiel aus. Viele gute Lehrer mussten als Soldat an die Front. Auch nach dem Krieg fand der Schulbetrieb zunächst nur mit Einschränkungen statt – und als die Schulzeit dann zu Ende war, war es Gabrieles Eltern nicht möglich, ihre Tochter auf eine höhere Schule zu schicken. Sie suchten daher für sie eine Lehrstelle.

Heute weiß Gabriele, dass es keine Zufälle gibt. Der Ewige hat sie von jeglichem weltlichen Tand hinweggeführt. Gott wollte, dass ihre Gehirnzellen nicht mit kompliziertem intellektuellen Wissen vollgestopft wurden. Gott brauchte einen Menschen, dessen Wesen schlicht, aber gottnah war, so dass nach und nach die göttliche Intelligenz durch ihn wirken konnte.

Wer Gabriele heute erlebt und Zeuge wird, wie sie zum Beispiel in komplizierten Theorien verschiedenster Fachgebiete in Sekundenschnelle den wunden Punkt findet und mit köstlichem Humor und sehr direkten Worten den Finger in die Wunde legt ... wer dies einmal miterlebt, der kann nur erahnen, wie haushoch die göttliche Intelligenz – zu der sie heute uneingeschränkten Zugang hat – den intellektuellen Kartenhäusern dieser Welt, die sich in „es könnte sein", „es müsste sein", „eventuell ist es so" usw. erschöpfen, überlegen ist.

Vor einiger Zeit fragte sie einige von uns: „Warum hat der liebe Gott keinen Doktortitel?" Wir schauten sie mit großen Augen an in der Frage: „Warum?" „Weil der liebe Gott von niemandem abschreibt! Er ist die Allweisheit und das Sein. Er ist der Schöpfer, das Leben. Intelligenz bedarf nicht des Intellekts. Nur der Intellekt glaubt, er wäre intelligent."

Dynamik und Lebensfreude

Gabriele war als Kind und Jugendliche nach eigenem Bekunden „ein sehr spontaner, lustiger, freudiger und sportlicher Typ". In der Schrift „Der Jugendliche und der Prophet" berichtet sie, dass ihr kein Baum zu hoch war – sie musste ihn erklettern. Kein Fluss oder Weiher war zu tief oder zu breit – sie musste hineinspringen und ihn durchschwimmen. Sie verfügte über für ein Mädchen außergewöhnliche Körperkräfte und trieb fast jeden Sport, der sich damals anbot: Handball, Laufen, Turnen, Schwimmen, Radfahren … Die unbändige Lebensfreude und Dynamik, die Lebendigkeit und das Temperament, die hier zum Vorschein kamen, waren bereits, das erkannte sie später im Rückblick, ein Hinweis auf eine starke Seele, die sich kraftvoll durch den Körper äußerte.

Andererseits war das Mädchen Gabriele eher schüchtern und zurückhaltend, wenn sie unter Menschen kam. Sie war oftmals kaum in der Lage, vor mehreren Menschen etwas zu erzählen. Was spielte sich damals in ihrem Seelenleben ab? In der Schrift „Der Gabriele-Brief für Freiheitsdenker"[1] gibt sie uns einige aufschlussreiche Einblicke in diese Zeit:

„Wie ich als junger Mensch an den Fesseln kirchlicher Bindung rüttelte"

Schon als sehr junger Mensch, als Schulmädchen, dachte ich – meist nach dem Religionsunterricht – über Gut und Böse nach. Der sehr junge Mensch, der von der Welt noch nicht geprägt ist, stellt so manches in Frage, was dem Erwachsenen selbstverständlich erscheint. Auch ich, das Schulmädchen Gabriele, dachte und dachte und hatte viele Fragen, wie z.B.: „Warum geben sich die Priester in der Kirche und im Religionsunterricht so fromm und außerhalb ihrer Kirche und des religiösen Unterrichts wie alle anderen Sünder, hin und wieder noch um vieles schlimmer?" Und: „Was Kain tat, war böse. Was all die tun, die im Krieg ihre Mitmenschen töten – ist das nicht böse? Ist das etwa gut?"

Ein Onkel von mir war Landwirt. Vieles musste ich mit ansehen und hören, das mir im Herzen weh tat. Vieles, was ich sah und hörte, regte mich, den sehr jungen Menschen, zum Denken an, wie z.B.: „Warum quälen die Bauern ihre Tiere? Warum werden die Kühe in den Ställen angebunden? Warum werden Schweine in so schrecklich engen Ställen gehalten? Und warum werden sie und viele andere Tiere geschlachtet? Das ist doch nicht gut, sondern *böse! Ich", so dachte ich, "will kein Tier quälen, kein Tier töten, auch nicht, dass es geschlachtet wird – ich will ihr Fleisch nicht mehr essen."*

Als ich das Fleischessen ablehnte, wurde mir von meinem Vater erklärt: "Fleisch ist gesund. Im Verhältnis zu anderen Familien essen wir wenig Fleisch, weil es sehr teuer ist. Du", so hieß es, "hast zu essen, was auf den Tisch kommt." Also musste ich essen, was Mutter zubereitet hatte. Kam Fleisch auf den Tisch, so schaute mich meine Mutter vielsagend an; sie teilte mir nur eine kleine Portion Fleisch zu, dafür aber viel Sauce. Dabei lächelte sie, sagte jedoch kein Wort. Meine Augen strahlten sie an, was "danke!" hieß.

Es ging weiter mit dem Denken, wie z.B.: "Warum trinken viele Menschen so viel Alkohol, bis sie betrunken herumtorkeln? Warum sind die Menschen so vorlaut? Warum schreien sie im Gasthaus so halsstark, um sich hervorzutun?" Das "Warum" konnte ich mir nicht beantworten. Meine Selbstantwort hieß: "So will ich nicht werden – das ist unschön."

Mit meinem Schulmädchenverstand wägte und maß ich und dachte: "Ich will lernen, gut zu sein, aber nicht so fromm tun wie die Priester im Religionsunterricht." Gerade im Religionsunterricht sprach der Priester immer mal wieder vom Gewissen, und ich dachte: „Ich will mein Gewissen finden, das mir hilft, alles, was ich sehe und höre und das ich als unschön, herzlos, gleichgültig, grausam oder brutal erkenne, nicht zu tun. Ich will", so meinte das Schulmädchen, „einfach gut sein" – obwohl ich damals nur eine unklare Vorstellung von dem hatte, was „gut" in allen Details des Lebens bedeutet.

Meine Eltern waren katholisch, und ich wurde katholisch getauft. Als junger Mensch nimmt man als selbstverständlich an, dass das, was aus der Kirche kommt, wahr und gut sein muss und dass Menschen, die Gottes Wort studiert haben, Gott näher sein müssten als die Kirchgänger. Leider erlebte ich, dass Priester Unterschiede machten, dass z.B. eine Schülerin dem Priester um vieles näher stand als wir anderen. Ich schaute und sah vieles, das mich wieder zum Nachdenken anregte. Solche und ähnliche priesterliche Verhaltensweisen halfen mir, das, was Pfarrer oder Priester sagten und wie sie sich außerhalb ihrer Kirche gaben, aufmerksam wahrzunehmen. Alles in allem, suchte ich mich selbst. Ich suchte für mich einen Standort, den ich damals als „gut sein" bezeichnete. Heute ist mir klar: Ich suchte meine Basis; ich suchte für mich ethisch-moralische Werte, um darauf mein Erdenleben aufzubauen.

*Je mehr ich mich um meinen Standort,
meine Basis, bemühte, desto weniger verstand ich.
„Da stimmt doch etwas nicht, wenn Gott dieses
ganze kirchliche Brimborium nötig hat ..."*

*Wie viele katholisch geprägte Eltern schickten auch meine
Eltern mich in den „Gottesdienst". Mein Schauen und
Hören, mein Wunsch, gut zu sein, kam sicher aus einem
wachen Verstand, denn immer wieder sagte ich zu meiner
Mutter: „Ich will lernen, gut zu sein." Rückblickend kann
ich erkennen, dass meine Mutter mich nicht so ganz verstand, denn sie erwiderte z.B.: „Das Resultat deiner Schul-
noten zeigt nicht gerade deine große Lernwilligkeit."
In der Kirche lauschte ich den Predigten, von denen ich
sehr wenig verstand. Ich dachte: „Warum sind Sakramente
und Kulthandlungen notwendig, warum das Brauchtum,
die Rituale im Gottesdienst? Warum das Hinknien und
Wiederaufstehen? Warum die Klingelzeichen und das
Messbuch, das vom Ministranten von einer zur anderen
Seite getragen werden muss?" Auch die diversen Messge-
wänder, die Mitra, die Hostie im Tabernakel, die Mon-
stranz, die zu Fronleichnam von einem kirchlichen Würdenträger unter einem Baldachin herumgetragen wurde,
den man „Himmel" nennt, beschäftigten mich und vieles
mehr.*

39

Ich hatte eine Schulfreundin, die evangelisch war und die mich des öfteren auslachte, wenn ich in den Gottesdienst musste, während sie das tun konnte, was ihr beliebte. Eines Tages ging sie mit mir in die „Heilige Messe". Nach der Kirche kicherte und lachte sie so laut über das vielfältige Geschehen im Gottesdienst, dass Kirchgänger uns ansahen und den Kopf schüttelten.

„Was willst du nach all dem jetzt von mir hören?", fragte sie. „Theater, nichts als Theater! So viel Überflüssiges gibt es bei uns, bei den Evangelischen, nicht. Bei uns geht alles ganz normal zu, ohne solches Drumherum, das auf das Beten störend einwirkt." Meine Freundin bezog das auf ihr persönliches Beten. Auch ich hatte Ähnliches selbst schon oft gefühlt und gedacht.

Ich fragte sie, ob sie an einen anderen Gott oder an einen anderen Jesus glaube. Wieder lachte sie und antwortete: „Das wohl nicht. Ich glaube nicht, dass wir an einen anderen Gott oder Jesus glauben. Wir Evangelischen haben nur nicht so viel Drumherum", womit sie das Brimborium meinte. Als ich sie fragte, ob sie es nicht als feierlich empfunden habe, antwortete sie: „Genau das Gegenteil! Für mich war das nur eine Veranstaltung."

Immer mal wieder sprachen wir über die Unterschiede zwischen Katholiken und Protestanten. Eines Tages nahm sie mich mit in ihren Gottesdienst. Ich sah, hörte, dachte und dachte. Die Fragen „Warum" nahmen kein Ende: Warum bei uns, bei den Katholiken, so und bei den Protestanten ganz anders? Warum ist der evangelische Pfarrer anders gekleidet als der katholische Priester? Warum wird der evangelische Gottesdienst anders abgehalten als der katholische?

Immer öfter verglich ich die katholische Prozedur mit der evangelischen. „Bei uns" kam es mir oft überzogen „feierlich" vor, mit so viel Rankenwerk – ich nannte es Zierrat –, Zierrat hier und Zierrat da, Gesten, Handlungen, die Art des Singens, das Klingeln, Glockengeläute und vieles mehr, dessen Sinn mehr oder weniger unverständlich blieb und, zumindest mir, nicht half, den Weg zu Gott zu finden. Bei den Evangelischen hingegen fand ich es geradezu unterkühlt, so sachlich und nüchtern, dass ich mich auch dort Gott nicht nahe fühlte, von Begeisterung ganz zu schweigen.

Mich konnte weder der eine noch der andere Kirchgang für Gott erwärmen. Ich verstand nicht, dass die rituellen Gepflogenheiten hier und dort so sehr voneinander abwichen. Ich dachte: „Wenn es doch nur einen Gott geben soll, warum die Unterschiede in den Gottesdiensten?" Bald dachte ich in der katholischen Kirche auch über das Orgelspiel und die Chorgesänge nach.

Trotz des vielen Nachdenkens und Vergleichens passte sich das Mädchen Gabriele den katholischen Gepflogenheiten an. Ich dachte: „Ich darf nicht ausscheren, nicht anders sein als die anderen. Es muss doch eine Lebensgemeinschaft sein, der sie und ich angehören." Alle kirchlichen Regeln machte ich mit, doch ich dachte, sah und hörte. Ich wollte lernen, wie man gut ist.

Schon als Schulmädchen hatte ich einen ausgeprägten Gerechtigkeitssinn. Mit diesem unbestechlichen Wahrheitsbewusstsein machte ich es meiner Mutter nicht immer leicht, auf mich, ihr Kind, einzugehen. Wenn ich merkte, dass jemand anders redete, als er dann handelte, war ich so bestürzt, dass ich immer wieder darüber sprach, dass das nicht richtig, nicht rechtens sei.

Ein Jahr reichte dem anderen die Hand. Ich wurde älter und reifer. Die Eigenständigkeit im Denken und Leben erwachte immer mehr. Sie ist bis heute geblieben.

Wo ist Gott?

Wir lesen hier über ein junges Mädchen, das sich sehr ernsthaft und mit großer Wahrheitsliebe mit der Welt um sie herum auseinandersetzt, das bereits den Wunsch nach Gerechtigkeit, Vollkommenheit und Frieden in sich trägt und nicht locker lässt, bis sie diesbezüglich alles so weit wie möglich ergründet hat.

Gabriele hatte schon im Alter von acht oder neun Jahren eine tiefe Beziehung zum Vater im Himmel. Sie betete viel und versuchte, in den Himmel hineinzusprechen, wo ja der „Vater im Himmel" thronen sollte. Sie wollte Antwort von Ihm – doch sie erhielt keine. Das war eine Enttäuschung für sie, denn sie verspürte große Sehnsucht, Gott näherzukommen. Es war ein kindliches Flehen, oftmals mit Trauer verbunden, weil Gott scheinbar so weit entfernt war und man nicht mit Ihm sprechen konnte – vor allem über die schlimme Situation, die viele Familien während des Krieges erleiden mussten –, und sie stellte immer wieder die Frage nach Gott. Doch niemand konnte ihr sagen, wo Gott ist, wie Er ist und ob Er überhaupt existiert!

In der Kirche, in den Gottesdiensten, das zeigte sich bereits in ihrer Schilderung, wurden ihr diese Fragen nicht wirklich beantwortet. Sie ging zwar zum Gottesdienst, doch echte Andacht konnte sie dort nicht erleben. Als Gabriele etwa 18 Jahre alt war, sagte sie sinngemäß zu ihrer Mutter: „In die Kirche gehe ich nicht mehr. Was dort gepredigt wird, verstehe ich nicht. Aber wenn ich auf den Friedhof gehe und für die Verstorbenen bete, dann finde ich innere Ruhe." Ihre Mutter konnte das nicht begreifen, da sie den Vorschriften der Kirche glaubte, wonach der Katholik mindestens einmal in der Woche eine Messe zu besuchen hat, und vieles mehr.

Es sollte noch eine geraume Zeit dauern, bis Gabriele erfuhr, dass Gott im Inneren des Menschen zu finden ist, dass Er in und um uns ist, und dass jeder Mensch selbst der Tempel des heiligen Geistes ist.

Folgen wir der Schilderung Gabrieles noch ein weiteres Stück: [2]

Wie kann ich „gut sein"?

Im Alltag erlebte ich Priester, die sich ganz offensichtlich den Maßstab ihrer Predigten selbst nicht zu eigen machten, die im Wirtshaus und bei Festgelagen die Speisen gierig in großen Mengen verschlangen, große Worte machten und ihr „priesterliches" Ich in mancherlei selbstherrlichen Reden und überheblichen Wertungen gegenüber Mitmenschen darstellten. Im Alltag erlebte ich den Organisten und jene Mitmenschen, die im Kirchenchor die heiligsten Lieder sangen, wie sie in ihrem Privatleben genau das Gegenteil von dem taten, was sie im Kirchenchor einstudierten und als heiligsten Lobpreis den Gläubigen zusangen.

Das Schulmädchen, das so gern gut sein wollte und immer nach der Gerechtigkeit verlangte, konnte das alles nicht einordnen. Es arbeitete in mir, ich musste mir mit Worten Luft machen. Wer musste es über sich ergehen lassen? Natürlich meine Mutter! Sie antwortete: „Wir alle sind Menschen. Jeder von uns sündigt und hat mehr oder weniger seine Schwächen." Aufmüpfig, wie ich nun mal war, fiel ich ihr ins Wort: „Aber Gott ist doch kein Mensch!" Ohne mich um ihren leicht zurechtweisenden Blick zu kümmern, fuhr ich fort:

„Gott müsste doch eigentlich über dem stehen, was die Gläubigen, die alle Sünder sind, ‚zu Seiner Ehre' tun. Müssen die Sünder denn Gott mit so viel Drumherum, mit Kniefällen, mit heruntergeleierten Gebeten und anderem dienstbeflissenem Getue gnädig stimmen? Oder will Gott etwa von uns Sündern mit dieser ganzen Schau und Darstellung, mit so vielen Gebeten, die nur heruntergeplappert werden, mit Schellenklingen und, und, und gelobt und gepriesen werden? Heißt das gar, Ihm Ehre und Dank zu erweisen? Ist Gott denn ein Tyrann, der die unterdrückt, die Ihm nicht huldigen? Ist Gott ein Rächer, der alle, die das alles nicht mitmachen wollen, auf ewig verdammt?" Damals dachte ich so und sprach ganz unverblümt aus, was ich dachte, ganz im kindlichen Jargon. Das Gesicht meiner Mutter rötete sich. Sie wusste keine

45

andere Antwort als die, dass sie mich an die Hand nahm und mich zur Gartenarbeit aufforderte.

Um meine abwegigen Gedanken wissend, beschlich mich plötzlich die Angst, dieser „Gott" könnte mich nun bestrafen und in die Hölle werfen. Das Schulmädchen Gabriele dachte z.B.: „O weh! Wenn ich nur nicht bald sterben müsste! Wenn ich nur bei meinen Eltern bleiben könnte! Und wenn nur meine Eltern nicht sterben müssten, denn ich habe sie und sie haben mich lieb."

Ich erinnerte mich an meine Kinderstreiche, die mein Vater immer wieder ansprach. Er ermahnte mich, dies und jenes zu unterlassen, und warnte mich vor den Folgen, indem er sinngemäß sagte: „Wenn du nicht hörst, wirst du es eines Tages fühlen müssen." Und er hatte mir ein Beispiel gegeben: „Wenn die Herdplatte sehr heiß ist und du trotzdem unbedingt deine Hand auf sie legen willst, so kannst du das zwar tun, aber dann wirst du's eben schmerzhaft zu spüren bekommen. Ähnliches gilt für die vielen Dinge, die du trotz unserer Ermahnungen nicht unterlässt."

Seine Worte waren aus der Sorge um mich gesprochen, doch ungeachtet dessen war seine Liebe zu mir, seinem Kind, geblieben. Ich dachte: „O, mein Vater ist gut im Vergleich zu Gott, der mich bestraft, wenn ich nicht tue, was Er will."

46

Ich nahm mir immer wieder mal vor, aufzuhören zu denken, aufzuhören, Vergleiche zu ziehen und mit meiner Schulfreundin, die evangelisch war, über Gott zu sprechen. Ich merkte, dass sie mir, wenn ich es tat, unwillig Antwort gab. Plötzlich brach es heftig aus ihr heraus, sie schrie mich an: „Was hast du denn bloß immer mit deinem Gott? Bei uns zu Hause ist von Ihm sehr selten die Rede. Meine Eltern gehen nicht oft in die Kirche und ich auch nicht. Sie zwingen mich nicht, zu beten oder einen Gottesdienst zu besuchen. Sie sind nicht so ‚heilig‘ und fromm wie deine Eltern und du.“

Ich erwiderte: „Ich bin nicht fromm. Ich will nur wissen, ob ihr“ – ich meinte die Evangelischen – „einen anderen Gott habt, weil ihr anders betet, weil eure Gottesdienste ganz anders ablaufen und auch eure Gebetsstunden. Ihr betet nicht den Rosenkranz, und die Mutter Maria ist euch offenbar ganz einerlei. Anscheinend müsst ihr euren Gott mit nicht so viel ‚Drumherum‘ gnädig stimmen, oder ihr seid nicht so große Sünder wie die Katholiken, die auch noch Heilige haben, die man ebenfalls gnädig stimmen muss.“ Meine Freundin antwortete: „Das weiß ich nicht. Lass mir doch meine Ruhe mit dem allem! Komm – wir gehen spielen!“

Natürlich ging ich mit zum Spielen, zum Radfahren, zum Baumklettern, zum Wettlauf, in das Freibad zum Schwim-

men, zum Rollschuhfahren, im Winter zum Schlittschuh-
laufen und vielem mehr. Doch es ließ mir keine Ruhe –
ich dachte und dachte und überlegte und überlegte.
Immer wieder kreisten meine Gedanken um Gott und
die Kirche, vor allem dann, wenn ich in der heiligen
Messe die Rituale mitmachen musste. „Da stimmt doch
etwas nicht! Dieses ganze Schauspiel, das in der Kirche
veranstaltet wird, die Verkleidung der Geistlichen zu den
verschiedenen Anlässen. Immer müssen sie sich unbe-
dingt aus dem Volk herausheben; dann das störende
Geklingle während der Messe, wenn man beten möchte,
und so fort, und das alles, wie sie sagen, zur Ehre Gottes!"
Einmal stutzte ich ganz plötzlich, und mir kam die Frage:
„Ist Gott überhaupt gut?" – wobei ich, wie gesagt, nicht
so recht wusste, was „gut", als Ganzes und in Bezug auf
Gott gesehen, bedeutet.

„Liebe", so dachte ich, „ist gut. Doch wie groß kann Gottes
Liebe schon sein, wenn Er die ewige Verdammnis und
Höllenpein für uns, Seine Kinder, bereithält!? Und wie
sieht es mit Seiner Erhabenheit und Größe aus, wenn
Seinetwegen so viel Aufwand und Pomp erforderlich sind
und so viel Katzbuckelei und Unterwürfigkeitsbezeu-
gungen Ihm entgegengebracht werden müssen, um Ihn
in Seiner Größe und in Seiner Allmacht zu bestätigen!"
„Und warum", dachte ich, „muss so viel Geld ausgegeben

48

werden Seinetwegen, wo doch viele, viele Kinder in ärmeren Ländern hungern, krank sind und keine Schule besuchen können, weil die finanziellen Mittel nicht ausreichen?"

Solche Gedankengänge liefen immer wieder in mir ab. Ich dachte und dachte und fragte mich z.B.: „Verlangt Gott auch, dass die Kirchenbauten mit Gold und Edelsteinen verbrämt sein müssen? Und dabei wohnen doch so viele Menschen in ärmlichsten Verhältnissen und haben oftmals kaum Nahrung."

Plötzlich erinnerte ich mich an meine Kleinkindertage, als Mutter am Abend an meinem Bett gesessen und mit mir zum Vater im Himmel gebetet hatte. Ja, sie hatte zu „Gott im Himmel" gebetet. Das warf nun für mich, das Schulmädchen, das allmählich in das Jugendalter hineinreifte, die Frage auf: „Wo wohnt Gott denn nun eigentlich? Wohnt Er gar nicht im Tabernakel, wie immer gesagt wird, sondern im Himmel?" Die Erinnerung an die damaligen Gebete mit meiner Mutter regten mich erneut zum Denken an:

„Wenn Gott im Himmel wohnt, wozu dann die Prunkbauten, die Kirchen? Und wozu dann der Tabernakel? Ist dies alles nicht total überflüssig?" Diese und weitere Ungereimtheiten gingen mir nicht mehr aus dem Sinn. Ich dachte und dachte.

49

Obwohl ich in der Schule und im Elternhaus nur den einfachen Kirchenglauben gelehrt bekommen hatte, stellte ich mir weiterhin solche und ähnliche Fragen bezüglich des Geschehens in der Kirche. Antworten fand ich nicht. Letztlich blieb es für mich vorerst bei Selbstgesprächen, die immer wieder mit Kopfschütteln und Achselzucken endeten.

„Tue uns das nicht an! Sei still und schweige.
Wir wohnen in einem kleinen Ort,
wo viel geredet wird ..."

Das Mädchen Gabriele, das zu einer Jugendlichen heranreifte, war ein sehr aufgeweckter Mensch voller Tatendrang. Meiner Mutter fiel auf, dass ich seit einiger Zeit schweigsamer und in mich gekehrter war als sonst. Sie blickte mich forschend an: „Wo bist du denn die ganze Zeit?", fragte sie behutsam. Ich erschrak – ich war doch hier! Sie meinte jedoch meine Gedankenwelt. Ich war in der Welt des Denkens und Überlegens.
Als ich an einem Sommerabend mit meiner Mutter im Garten saß, erzählte ich ihr von meinen Gedanken: Was ich über Gott denke, und warum Er so viel Wert legt auf das ganze Drumherum, auf das Brimborium, das in der

Kirche um Ihn gemacht wird. „In der evangelischen Kir-
che ist alles anders. Warum gibt es dort keine Heiligen
und auch keinen heiligen Vater? Ich habe gehört, dass
Gott die Liebe ist, und ich habe auch gehört, dass alle
Menschen Seine Kinder sind. Wieso macht Er dann Unter-
schiede? Warum muss der eine – z.B. der Papa - Tag für
Tag sich mühen und arbeiten, damit wir einigermaßen
genug zum Leben haben, und du" – damit meinte ich
meine Mutter – „auch noch, während andere sich nicht
abrackern müssen? Zum Beispiel der Herr Pfarrer kann es
sich doch die ganze Woche gutgehen lassen." Gerech-
terweise fügte ich hinzu: „Jedenfalls dann, wenn nicht
mal eine Trauung oder eine Beerdigung dazwischen-
kommt, wo er den lieben Gott vertritt und den Segen
erteilen muss."

Damals verwendete ich sicherlich noch ganz andere
Worte, doch sinngemäß brach es so oder ähnlich aus mir
heraus. Ich holte tief Luft und fuhr fort: „Warum müssen
die Evangelischen nicht zur Beichte gehen? Ist das gerecht?
Wenn die lügen oder Äpfel klauen oder Schule schwän-
zen – sind das dann etwa keine Sünden? Und zur Beichte
habe ich noch eine andere Frage: Gehen die Pfarrer
eigentlich auch zur Beichte? Und wer gibt dann ihnen
die Absolution? Geben sie sich die selber? Denn gerade
neulich habe ich den Herrn Pfarrer gesehen, wie er ..."

51

Doch da unterbrach mich meine Mutter. „Evangelisch ist eben evangelisch, und katholisch ist katholisch", sagte sie, und Röte stieg ihr ins Gesicht. „Warum stellst du solche Überlegungen und Vergleiche an? Das ist einfach so. Du bist katholisch getauft, und das ist nun mal der Schlüssel zum Himmelreich."

Was meine Mutter mit scheinbar selbstverständlicher Gelassenheit und Sicherheit aussprach, rief in mir eine heftige Reaktion hervor. Ich unterbrach ihre katholischen Hinweise mit der aufmüpfigen Frage: „Man soll doch den Menschen erst fragen, wie er es möchte. Haben Vater und du mich eigentlich gefragt, ob ich in die katholische Kirche hineingetauft werden möchte? Vielleicht wollte ich evangelisch werden? Ich weiß, ihr meint es gut mit mir; ich bezweifle also nicht, dass ihr mich zu einem guten, brauchbaren Menschen erzogen habt. Aber sicherlich wollt ihr doch keine Marionette, die Gott nach der Willkür der Kirche Gehorsam leisten muss und die deshalb alles so sehen muss, wie die Kirche es vorschreibt, dass ich also nur das denken darf, was sie erlaubt. Macht Gott aus uns Sündern Marionetten – denn getauft ist nun mal getauft?"

So ähnlich sagte ich damals. Heute ist mir bewusst, dass aus meinem inneren Wesen immer mal wieder einiges

hervorbrach wie z.B. der Wunsch nach Freiheit und Gerechtigkeit.

Nun spiegelten sich im Gesicht meiner Mutter Unmut
und Erschrecken. Ich dachte: „O je, was habe ich da
Schlimmes gesagt?! Ich habe doch nur meine Gedanken
ausgesprochen!" Als sie mir antwortete, war ihre Stimme
belegt. Sie sagte: „Tue uns" – und damit meinte sie unsere
Familie – „das nicht an. Sei still! Schweige und verhalte
dich so, wie es einer Katholikin geziemt." Sie sprach weiter: „Wir wohnen in einem kleinen Ort, wo jeder jeden
kennt und wo die Leute viel und über alles reden, was
nicht in das hier Übliche, in das Ortsschema, passt." Und
so nebenbei erwähnte sie: „Du hast ähnliche Ansichten
wie der Freund deines Vaters, unser Bekannter, Helmut,
der die Kirche meidet. Weil er nicht mehr in die Kirche
geht, wird er von vielen Mitbürgern kaum mehr beachtet."

Zu meinem großen Erstaunen fuhr sie fort: „Auch ich bin
keine überzeugte Kirchgängerin."

Sie sprach weiter: „Helmut ist ein sehr, sehr guter Mensch;
ich schätze ihn sehr. Wir sprechen oft über unsere Ansichten, den Glauben betreffend. Es gab eine Zeit", so erzählte
meine Mutter weiter, „da war ich in großer Not. Als der
Unterhalt der Familie nicht mehr gesichert war, als ich an
vielem zweifelte und kleingläubig wurde, sprach ich mit

Helmut darüber. Helmut sagte mir damals einen Satz; er stammt von Jesus, aus der Bergpredigt, und ist mir seitdem in vielen Situationen eine Hilfe gewesen. Er lautet: ‚Was du willst, dass dir andere tun, das tue du ihnen zuerst.'"

Als meine Mutter sah, dass ich mit dieser Aussage nicht auf Anhieb zurechtkam, ergänzte sie: „Eventuell kennst du das Sprichwort: ‚Was du nicht willst, dass man dir tu', das füg' auch keinem anderen zu.'

Helmut sagte damals sinngemäß zu mir: ‚Die Worte des Jesus halfen mir, zu meinem Glauben zu stehen. Seine Worte waren und sind für mich die Prämisse in meinem Leben. Sie zeigen mir den Weg zum wahren Leben auf.' – Ich habe mir", so sprach meine Mutter, „diese Aussage von Helmut gut gemerkt, denn mir schien, dass er das, was er sagte, auch mit seinem Leben verkörperte."

Meine Mutter erklärte mir, ihrer Tochter, dass diese Worte des Jesus, von Helmut zu ihr gesprochen, gerade damals gleichsam als Gravur in ihre Seele eingegangen waren, denn ihr Herz war zu jener Zeit wund von Sorgen und Ängsten gewesen. Sie sagte: „Diese Worte des Jesus nahm ich für mich, für mein Leben. Sie wurden entscheidend auf meinem Lebensweg. Aus ihnen konnte ich fast immer ableiten, was als nächstes für mich zu erkennen und zu tun war. So gelang es mir, mehr und mehr über allen Widrigkeiten zu stehen und meinen Weg zu finden.

Heute kann ich sagen: Sie haben mein Leben reich ge-
macht."

Mutter wandte sich an mich: „Liebes Kind, wie du auch
denkst, diese Worte des Jesus, des Christus, will ich dir
mitgeben auf deinen weiteren Lebensweg. Nimm sie in
dein Denken und Wollen auf, und bleib' auf dem Weg,
den du seit der Taufe gehst."

Als Helmut uns wieder einmal besuchte, sprach ich ihn
auf die Worte Jesu an, und er sagte: „Gerade diese Lehre
des Jesus hat mich zu einem freien, gottbewussten Men-
schen gemacht. Ich will dich zu nichts überreden, sondern
aus meiner eigenen Erfahrung heraus möchte ich dir nur
raten, dich daran zu halten; dann findest du deinen Weg.
Gott hat viele Möglichkeiten, uns Menschen zu berühren.
Verlange von Ihm nichts. Warte, bis die Zeit gekommen
ist, dann wirst du Seine Führung erfahren und auf deine
drängenden Fragen Antwort erhalten."

Die Goldene Regel

Gabriele erhielt also trotz der dogmatischen Konfession,
in die sie hineingeboren wurde, von ihren Eltern, insbesondere von ihrer Mutter, ein gutes Rüstzeug mit auf
ihren Lebensweg. In einer Gesprächsrunde erzählte sie

hierzu eine aufschlussreiche Begebenheit, für die wir noch einmal kurz gedanklich in ihre Kindheit zurückgehen. Und zwar gab ihre Mutter ihr des öfteren mit auf den Schulweg: „Tue nichts Böses, dann widerfährt dir nichts Böses!" Als Gabriele ihre Mutter fragte, was sie denn damit meinte, erhielt sie zur Antwort: „Möchtest du, dass andere dich schlagen, dass andere dich prügeln, dass andere dich stoßen, dass andere dir deine Brotzeit wegnehmen, dich nicht beachten und vom Spiel ausschließen, dich als Außenseiter betrachten und sich dir gegenüber auch entsprechend verhalten?" Gabriele machte große Augen und sah ihre Mutter mit der Bemerkung an: „Was sagst du mir da? Das tue ich doch nicht."

Und die Mutter erklärte ihr: „Als ich dich die ersten Wochen auf deinem Schulweg begleitete, habe ich so manches gesehen, was du an dir selbst nicht bemerkt hast. Z.B. willst du nur mit bestimmten Kameradinnen spielen, andere sind dir gleichgültig. Willst du das auch so?" Die Tochter schüttelte den Kopf und meinte: „Nein, nein, so will ich das nicht!" – „Siehst du", sagte die Mutter, „die anderen, die du nicht beachtest, die wollen es auch nicht." Das Mädchen Gabriele verteidigte sich und führte Begebenheiten an, in denen sie sich von Kameraden verunglimpft gefühlt hatte. Doch die Mutter ließ das nicht gelten: „So beginnt nun mal das Erdenleben, aber wenn du nicht willst, dass andere sich dir gegenüber ungut verhalten, dann tue du es eben erst recht nicht, denn Böses, das in den anderen Einlass findet, kann wiederum Böses hervorrufen und dieses unter Umständen verstärken."

Die junge Gabriele konnte das nicht verstehen. Die Mutter erklärte es ihr mit einfachen Worten: „Mein Mädchen", so sagte sie, „pass auf, wenn du Böses tust, wenn du deine Kameraden schlägst, wenn du ihnen das Pausenbrot wegnimmst, wenn du sie vom Spiel ausgrenzt, also wegstößt, wenn du lachst, wenn sie hingefallen sind, und was es noch so alles auf eurem Schulweg, in der Schule und während der Pause gibt, wisse und merke dir: Was du anderen tust, werden andere dir auch tun." Als ihre Tochter meinte, das wäre ja Rache, entgegnete die Mutter: „So kann man das sehen, denn der, dem es widerfährt, will das, was z.B. ihm angetan wurde, heimzahlen, was zurückgeben bedeutet, oder er stiftet andere an, das zu tun, was ihm widerfahren ist. Auf diese Weise wird Stimmung gegenüber Mitschülern gemacht."

Gabriele fragte ihre Mutter, wie sie denn auf Bedrängnisse seitens der Schulgefährten reagieren sollte. Die Mutter erklärte: „Weiche einfach aus und frage: ,Was habe ich dir denn getan?' Und wenn dich einer schlägt, schlage nicht zurück, weiche aus und beschäme ihn unter Umständen, indem du ihm einen Teil deines Pausenbrotes gibst." Gabriele verstand das nicht. Doch jedes Mal, wenn es in der Schule Schwierigkeiten gab, dachte sie an die Worte der Mutter: „Tue nichts Böses, dann widerfährt dir nichts Böses." Später dann wurde ihr klar, was sie damit im übertragenen Sinn meinte: Wiederum die Regel „Was du nicht willst, dass man dir tu', das füg' auch keinem anderen zu." Ohne dass es der Mutter bewusst war, lehrte sie ihre Tochter das Gesetz von Saat und Ernte.

Lehrjahre

Der Lebensweg führte Gabriele nach der Schulzeit, wie erwähnt, zunächst in eine Berufsausbildung. Sie fand in den Aufbaujahren der Nachkriegszeit mit einiger Mühe eine Lehrstelle, und zwar als Kontoristin. Nach drei Jahren legte sie die Gesellenprüfung ab und wurde in einer Münchner Tuchgroßhandlung angestellt.

Bis heute liegt ihr das Schneidern im Blut. Sie kann sehr gut mit Stoffen umgehen und hat sich schon häufig Kleider selbst genäht. Den Nachfolgern des Jesus von

Nazareth, die heute im Bereich von Kleidung und Mode tätig sind, hat Gabriele unzählige unbezahlbare Hinweise und Anregungen vermittelt – doch wir wollen hier nicht vorgreifen.

Nun, die „Führung", von der Familienfreund Helmut gesprochen hatte, sah für sie etwas anderes vor. Gabriele war Linkshänderin, und ihr Vater hatte Bedenken, dass das in diesem Beruf zur Beeinträchtigung werden könnte. Heute würde man sicher anders darüber denken. Aber was wäre gewesen, wenn sie, wie man aufgrund ihrer vielen großen Talente durchaus annehmen kann, in diesem Beruf großen Erfolg gehabt hätte? Hätte dieser Erfolg nicht möglicherweise früher oder später die in ihr so lebendige Sehnsucht nach Gott überlagern können? Entsprechend äußerte sie selbst einmal sinngemäß in der Rückschau.

Kurz bevor Gabriele ihre Berufstätigkeit in München aufnahm, lernte sie ihren zukünftigen Ehemann kennen, der in München Maschinenbau und Wirtschaftswissenschaft studierte. 1955 heirateten sie und bezogen eine Wohnung in München. In den ersten Ehejahren waren beide berufstätig, um gemeinsam die Basis für eine Familie zu legen: Gabriele als Kontoristin, ihr Mann als Ingenieur.

Lassen wir wieder Gabriele selbst zu Wort kommen, die uns im „Gabriele-Brief für Freiheitsdenker" schildert, welche Erfahrungen mit dem Thema „Religion" sie in dem Lebensabschnitt machte, von dem wir gerade berichtet haben:[3)]

Die Suche nach Gott geht weiter.

Die Jungmädchenzeit ging zu Ende; die Pubertät brachte andere Akzente in mein Leben. Plötzlich interessierte ich mich für Mode, begann mich so zu kleiden, wie es nun mal in der Zeit der Pubertät üblich ist. Mit Freundinnen und Freunden besuchte ich Tanzveranstaltungen; unserem Alter entsprechend gingen wir hin und wieder in eine Operette, hörten gemeinsam die uns damals angemessene Musik. Man verliebte sich, orientierte sich nach außen und setzte weltliche Prioritäten. Im entsprechenden heiratsfähigen Alter heiratete man die „große Liebe". Zu meiner Eheschließung bekam ich Geschenke, so auch von Helmut, dem Freund der Familie. Die Glückwunschkarte, die dem Geschenk beilag, hatte eine besondere Widmung. Sinngemäß wünschte Helmut mir: „Halte dich in allen Lebensfragen an Christus. Seine Lehre möge dir Vorbild sein. Für jeden Menschen ist jedes Jahr Reifezeit.

Mit Jesus, dem Christus, kann jedes Jahr ein inneres Wachsen und geistiges Reifen sein. Im Leben werden immer wieder in dir Fragen auferstehen, die zuerst einmal unbeantwortet bleiben. Warte geduldig, bis in dir die Antwort reift. Es wird die Zeit kommen, da sie dir beantwortet werden."

Mit meinem Mann zog ich in die Großstadt. Beide hatten wir viele materielle Wünsche, die sich auf Wohnen, Auto, Sport, Urlaub, Konzerte und Erlebnisse an Wochenenden bezogen. Trotz meiner materiellen Wünsche und Anliegen betete ich; ich betete entsprechend der katholischen Lehre, zu „Gott im Himmel".

Rückblickend waren die materiellen Wünsche und die verschiedenen Anliegen nur ein kurzer Lebensabschnitt, der heute, nach etwa vierzig Jahren betrachtet, wie ein Schleier war, der sich über die Schulmädchenerfahrungen legte und über einige Jahre Ehe, in denen die Wellen der Wünsche vieles übertönten.

Schon als Jugendliche ging ich immer seltener in die Kirche und als junge Frau nur noch an hohen Feiertagen oder wenn wir zu Besuch bei meinen Eltern waren, wobei ich – wie früher – den Gang zum Friedhof bevorzugte, um für die Seelen zu beten, wofür meine Mutter schon in der Zeit meiner Jugend wenig Verständnis aufgebracht

61

hatte. Das Versprechen, das ich ihr gegeben hatte, auf dem katholischen Weg zu bleiben, hielt ich. Die Frage nach Gott jedoch blieb: Gibt es Gott? Und: Wo ist Gott? Wenn mich diese Fragen beschäftigten, fiel mir oft die sinngemäße Aussage des alten Freundes unserer Familie ein: „Gott hat viele Wege, den Menschen zu erreichen. Wir müssen lernen, zu warten, bis wir auf unsere vielen Fragen Antworten erhalten.“

Das Herzensanliegen meiner Mutter, die Worte Jesu, die sie mir auf meinen Lebensweg mitgegeben hatte, begannen, in mir immer mehr anzuklingen. Insbesondere dann, wenn in meinem Erdendasein Schwierigkeiten auftraten, wenn Menschen über Menschen negativ sprachen, wenn Menschen gegensätzlich handelten, gegen Menschen, gegen Tiere, vor allem, wenn ich von Kriegen las und hörte, in denen viele Menschen getötet wurden, dachte ich an meine Mutter und hörte sie gleichsam sprechen: „Was du willst, dass dir andere tun, das tue du ihnen zuerst.“ Oder, anders gesprochen: „Was du nicht willst, dass man dir tu', das füg' auch keinem anderen zu.“ Gerade die Kriege, in denen viele Menschen ihr Leben lassen mussten und die von Christen befürwortet wurden, konnte ich nicht in die Lehren Jesu einordnen. Hörte oder las ich, dass Geistliche, Militärpfarrer also, die Waffen und die Soldaten segneten, so konnte ich das nicht verstehen. Hieß es nicht in den Zehn Geboten: „Du sollst nicht töten"? Und befahl nicht Jesus dem Jünger Petrus, der Ihn im Garten Gethsemane verteidigen wollte: „Stecke dein Schwert in die Scheide!"? – Es gab niemanden, mit dem ich ernsthaft und eingehend darüber hätte reden können. War Gott gegen Seine eigenen Gebote? War Er eventuell doch für das Leiden, die Schmerzen und den Tod so vieler Menschen? Konnte es unter Umständen Ausnahmen geben, die das rechtfertigten? Darauf gab mir niemand Antwort.

Der Ausweg für mich war das Gebet. Ich betete für Menschen, für die vielen Kriegsopfer und für die Tiere, die auch im Krieg ihr Leben lassen mussten. Immer noch glaubte ich, dass Gott außerhalb vom Menschen zu finden sei. Es war sonderbar: Trotz meiner Zweifel an Gott betete ich zu dem Gott im Himmel und bat, die Worte Jesu ganz und in jeder Situation verstehen zu können: „Was du willst, dass dir andere tun, das tue du ihnen zuerst."

Oder: „Was du nicht willst, dass man dir tu', das füg' auch keinem anderen zu."

Neue Herausforderungen

Als Gabriele und ihr Mann Rudolf etwa neun Jahre verheiratet waren, kam ihre Tochter zur Welt. Daraufhin gab Gabriele ihre Berufstätigkeit auf, und die Familie mietete sich am Stadtrand von München ein hübsches Reihenhaus mit einem kleinen Garten, damit das Kind mehr Freiheit hatte. Gabriele und ihr Mann führten eine gute Ehe und ein normales mittelständisches Leben. Sie lebten – wie es dem schwäbischen Naturell ohnehin entspricht – eher sparsam und machten einmal im Jahr Urlaub. Auch der Geselligkeit waren sie nicht abgeneigt. Im Rückblick auf diese Zeit sagte Gabriele einmal, dass sie in jener Zeit stark nach außen orientiert war: Sie wollte aus der Enge heraus, wollte die Welt sehen, wollte in und mit der Welt leben.

Wer München kennt, der weiß um den hohen Freizeit-, Kultur- und Einkaufswert dieser Stadt. Doch die Idylle besaß keine Ewigkeitsdauer. Bereits drei Jahre nach der Geburt der Tochter und dem Umzug ins Stadtrand-Reihenhaus trat eine neue Herausforderung ins Leben des jungen Paares: Gabrieles Mann wurde von seinem Arbeitgeber, einem großen Konzern, ein neuer, größerer Aufgabenbereich angeboten: in Würzburg! Er sollte dort eine Zweigfirma übernehmen und ausbauen.

Würzburg ... Gabriele, aus einer Kleinstadt kommend, hatte sich in der Weltstadt München gut eingelebt. Würzburg erschien ihr wie ein Rückschritt in provinzielle Enge. Erst drei Jahre zuvor hatten sie ihr Reihenhaus mit Garten bezogen. Und die Eltern in der Nähe Augsburgs waren von hier aus so leicht erreichbar. Kurzum: Gabriele wollte nicht weg. Doch für ihren Mann war es ein aussichtsreicher Karrieresprung, den er nutzen wollte.

Was tun? Der Ehemann suchte Rat bei Gabrieles Mutter. Er wusste: Wenn es jemanden gab, der Gabriele umstimmen konnte, dann war sie es. Bereits im Verlauf der Kriegszeit war zwischen Gabriele und ihrer Mutter eine vertrauensvolle, innige Beziehung gewachsen. Und während der zwölf Jahre in München waren Gabriele und ihr Mann häufig bei ihren Eltern zu Besuch gewesen. Man fühlte sich dort wie in einer Großfamilie. Gabriele und ihre Mutter teilten seit langem Freud und Leid miteinander – wie zwei Schwestern, die sich von Herzen zugetan sind.

Und tatsächlich: Gabriele ließ sich umstimmen. Sie sah ein, dass sie ihrem Mann ermöglichen sollte, sich beruflich zu verbessern. Von da an ging alles sehr rasch: Die Eheleute fuhren nach Würzburg, fanden dort gleich ein Reihenhaus etwas außerhalb der Kernstadt – und bereits nach einem halben Jahr wurde umgezogen. Für Gabriele war es trotz des reibungslosen Ablaufs ein harter Einschnitt in ihr Leben. Sie wohnte mit ihrer Tochter in der neuen Umgebung während der Woche allein auf weiter Flur, denn die Nachbarhäuser wurden erst noch gebaut. Der Ehemann war zunächst nur am Wochenende zu Hause, denn er hatte beruflich noch ein Jahr in München zu tun.

Eine neue Lernaufgabe für Gabriele: Nun hieß es, die ungewohnte Einsamkeit zu ertragen, die von einem Tag auf den anderen in ihr Leben Einzug hielt. Oft war sie nun tagelang mit ihrer Tochter allein.

Zufall oder Führung?

Ohne dass es Gabriele damals bewusst war, lenkte die göttliche Führung ihren Weg allmählich immer mehr in den Bereich ihrer eigentlichen Bestimmung. Es lohnt sich, an dieser Stelle einmal innezuhalten, um der Frage nachzugehen: Von welchem Standpunkt aus wollen wir den weiteren Lebenslauf Gabrieles betrachten?

Nun, es gibt im Wesentlichen zwei sehr unterschiedliche Standpunkte, um einen Lebensgang zu betrachten. Der eine ist derjenige, der mehr oder weniger von einem

„blinden Schicksal" ausgeht und das Leben als eine Aneinanderreihung von Zufällen ansieht. Dieser Standpunkt wird wohl unbewusst von vielen Menschen eingenommen, die gar nicht weiter darüber nachdenken. Er wird aber auch von der „herrschenden Meinung" der Gesellschaft allgemein gestützt. Einem Menschen stößt z.B. etwas zu, das er nur schwer verarbeiten kann. Oder er hat eine schwierige Kindheit, die gewisse Defizite hinterlässt. Das versucht er dann auf die eine oder andere Weise zu kompensieren. – Der eine hat's eben schwerer, der andere leichter; man weiß nicht, warum. Es ist eben so.

Der andere Standpunkt gründet auf dem Wissen darum, dass der Mensch eine unsterbliche Seele besitzt und dass er auf der Erde ist, um gewisse Lernaufgaben zu bewältigen, um also seelisch zu wachsen und zu reifen. Oder, wenn man an Gott glaubt: um Gott näherzukommen. Zu diesem Standpunkt gehört auch, dass die Seele sich auf ihrer Wanderung mehrfach nacheinander in unterschiedliche Körper einverleiben kann. Die Reinkarnation, die Wiederverkörperung, gehört nicht nur zum Grundwissen vieler Religionen der Welt, sie war auch fester Bestandteil des Wissens der ersten Christen: Was einem Menschen im Leben an Situationen begegnet, das sind sozusagen Herausforderungen an ihn, einen weiterer Schritt zur Erweiterung seines Bewusstseins zu tun. Und das ist nicht selten mit seelischen Schmerzen oder inneren Kämpfen verbunden – um Althergebrachtes, alte Denkmuster und Gewohnheiten loszulassen und sich in ein neues, freieres Denken und Fühlen einzuüben. Man könnte auch sagen: Durch Leid reift oftmals die Seele. Häufig stellt man aber erst im Nachhinein fest, was man in einer bestimmten Situation gelernt hat.

Es ist leicht zu erraten, von welchem Standpunkt aus die vorliegende Biographie geschrieben ist: vom zweiten natürlich. Weniger leicht zu erahnen ist, wie bedeutsam diese „Unterscheidung der Geister" gerade bei der Betrachtung des Lebens eines Gottespropheten ist. Deshalb sei es hier gleich vorab gesagt: Die Feinde des göttlich-prophetischen Wortes, und dazu gehören vor allem die Priestermänner aller Jahrhunderte, nehmen fast ausnahmslos den ersteren Standpunkt ein – und das, obwohl sie es eigentlich besser wissen müssten, obwohl sie doch immer vorgeben, religiös zu denken und die Menschen Gott näherbringen zu können. Ihre unterschwellige Botschaft lautet: „Der Prophet ist auch nur ein Mensch wie alle anderen mit seinen Unzulänglichkeiten, an denen man eben nur schwer etwas ändern kann. Was durch ihn gesprochen wird, das braucht man daher nicht weiter ernst zu nehmen. Wir können also getrost so bleiben, wie wir sind!" Das ist die Art der Priester, mit der sie allen Gottespropheten begegneten. Zu Lebzeiten wurden sie lächerlich gemacht und nach ihrem Ableben wurde die Botschaft der wahren Gottespropheten verfälscht und in das konfessionelle Lügengebäude eingebaut, so dass die Botschaften den Priestern nicht gefährlich werden konnten. Danach wurden die im Sinne der Priesterschaft geänderten Botschaften dem Volk als „Gottes Wort" „verkauft".

Seelenkämpfe

Wir haben ja bereits erfahren, dass sich in Gabrieles Kindheit und Jugend eine starke Seele im noch jungen Körper regte und in Lebensfreude, in dynamischer Sportlichkeit ihren Ausdruck fand, aber auch in dem ernsthaften Fragen nach Gerechtigkeit und Wahrhaftigkeit, mit dem sie ihre Umgebung prüfte. Bei vielen Menschen schwächen sich jedoch gleiche oder ähnliche Regungen im Verlauf der ersten Dekaden des Erwachsenendaseins ab oder verlieren sich gar: Heirat,

Familiengründung, Beruf, Hausbau ... Der Mensch richtet sich im Leben ein, aber auch die Alltagsroutine hält Einzug. Die Seele schläft gleichsam, oder ihre Regungen werden zumindest überlagert von Äußerem.

Und nun, in dieser entscheidenden Phase um das 35. Lebensjahr herum, wird Gabriele aus dieser Routine völlig herausgerissen. Zufall – oder Führung?

Die wache und sensible Seele Gabrieles reagiert mit inneren Kämpfen. Sie hat Schreckensträume, wacht oft schweißgebadet auf, kann dann kaum wieder einschlafen und steht bisweilen auch tagsüber noch unter dem Eindruck der nächtlichen Traumbilder.

Was spielt sich hier ab? Gabriele hat keine Kindheitstraumata oder dergleichen zu verarbeiten. Sie fühlt sich „nur" einsam. Woher dann die Albträume?

Gabriele erfuhr Jahre später aus der göttlich-geistigen Welt: In ihrer Seele lagen noch Schatten, zum Teil aus früheren Einverleibungen. Die Seele „nützte" nun die veränderten Lebensbedingungen des Menschen – die vermehrte äußere Ruhe, die geringere Reizüberflutung und Routine –, um diese Schatten über Träume gleichsam ausfließen zu lassen.

Der Mensch Gabriele wusste jedoch von all dem noch nichts, und sie konnte daher auch nicht verstehen, was da mit ihr geschah. Sie litt sehr unter der Situation. In ihrer Not telefonierte sie häufig mit ihrer Mutter, und diese kam des öfteren auch zu Besuch, um ihrer Tochter und Freundin in dieser schwierigen Zeit beizustehen und ihr zu helfen, das Alleinsein zu überbrücken. Dadurch wurde die Verbindung zwischen den beiden „Schwestern" noch inniger.

Der überraschende Tod der Mutter

Als das Schlimmste schon überwunden schien, bahnte sich ein neuer, wesentlich gravierenderer Schicksalsschlag an. Gabriele hat über den Ablauf der Ereignisse detailliert berichtet, weil diese, wie wir noch sehen werden, für ihren weiteren Lebensweg bedeutsam sein sollten.

Ungefähr zwei Jahre nach dem Umzug nach Würzburg erhielt sie einen Anruf: Die Mutter sei erkrankt. Es sei aber nichts Gefährliches.

Vieles im Leben eines Menschen kündigt sich vorher an. Die wache Seele oder auch der Schutzgeist des Menschen versuchen, diesem einiges mitzuteilen, damit er vorbereitet ist. Doch nehmen wir die Impulse auch wahr? Schon Wochen vorher hatte Gabriele geträumt, dass ihre Mutter sterben würde. Aber sie verwarf diesen Traum als unmöglich, da ihre Mutter weitgehend gesund war. Außerdem wollte sich Gabriele nicht mit so etwas Bedrückendem wie dem Thema Tod befassen. Die Dinge nahmen ihren Lauf. Gabriele rief fünf Tage lang jeden Abend bei der Mutter an und erkundigte sich nach deren Befinden. Sie hatte den Eindruck, dass es ihrer Mutter von Tag zu Tag besser ging. Am fünften Abend fragte Gabriele, ob sie nicht am folgenden Tag zu Besuch kommen könne. Doch die Mutter erwiderte, es sei ihr lieber, wenn die Tochter noch einige Tag warten würde. Dann könne sie wieder laufen, „und dann ist es mir lieber, wenn du bei mir bist." Sie verabschiedeten sich am Telefon voneinander, und Gabriele hatte „eigentlich ein sehr gutes Gefühl".

Am nächsten Morgen klingelte bereits um 6 Uhr das Telefon. Es war der Bruder. Er war ganz aufgelöst und berichtete atemlos, die Mutter sei vor einer halben Stunde verschieden. Gabriele aber konnte es nicht glauben: „Das gibt es nicht! Sie ist nicht tot. Unsere Mutter geht nicht, ohne sich von mir zu verabschieden."

Gabriele konnte es einfach nicht begreifen, obwohl ihr der Bruder versicherte, dass es die Wahrheit sei. „So etwas kann es einfach nicht geben", dachte Gabriele wie benommen. Wenn sie, die Mutter, hinübergehen würde, dann würde sie es gewiss zuvor spüren, und dann hätte sie darüber auch mit ihr gesprochen.

Als Gabriele und ihr Mann nach einer mehrstündigen Autofahrt im Elternhaus ankamen, wurden sie dann doch mit der Realität konfrontiert. Der Körper der Mutter lag noch immer im Bett des Schlafzimmers.

Zunächst saß Gabriele ruhig im Zimmer und versuchte es zu erfassen. Kann denn mit dem Tod alles aus sein? Und was ist dann der Sinn des Lebens? Nur Arbeit und Plage, und dann ist plötzlich alles aus? Solche Fragen stiegen in ihr auf. Als sie dann, wie es üblich war, die Mutter umkleidete, hatte sie eine Art Schlüsselerlebnis: Sie glaubte, ihre Mutter lebendig im Zimmer stehen zu sehen, und gleichzeitig hörte sie in sich, dass sie nicht den toten Körper betrachten solle, denn das sei nur die Hülle und nicht das Leben. Sie beachtete dieses Erlebnis zunächst jedoch nicht. Der unerwartete Tod der geliebten Mutter überschattete alles.

Als dann der Sarg aus dem Haus getragen wurde, brachte Gabriele noch einmal ihren Schmerz zum Ausdruck. Sie sagte sinngemäß: „Was hat Mutter hier in diesem Haus schon alles erlebt. Wie musste sie arbeiten! Wie oft ging es um Pfennige, ums tägliche Brot. Nun hätte sie es so schön gehabt, und jetzt wird sie hinausgetragen." Wieder hörte sie in sich einige Worte, sinngemäß: „Nur die Hülle, nicht das Leben!"

Ist mit dem Tod alles aus?

Gabriele hatte bis dahin nicht viel über das Thema Tod und Sterben nachgedacht. Sie hatte auch keinerlei geistiges oder esoterisches Wissen darüber und hatte keine Bücher über solche Themen gelesen. Sie war katholisch erzogen worden – und nach katholischem Dogma schlafen die Seelen nach dem Tod bis zum Jüngsten Tag. Doch nun erwachten viele Fragen in ihr, denen Gabriele in ihrer konsequenten Art auf den Grund zu gehen versuchte.

Das bedeutet aber: Nicht das Sterben der Mutter an sich, sondern der intensive Prozess, der dadurch ausgelöst wurde, die Suche nach der Wahrheit, die Gott ist – das war die entscheidende Wende in ihrem Leben. Ausgangspunkt dieser Fragen war das Schicksal der Mutter: „Was ist das für ein Leben: Nur sparen, sich Tag und Nacht um das tägliche Brot sorgen. Und wenn es dem Menschen dann besser geht, dann muss er sterben." – „Was ist das für ein Gott, der so etwas zulässt", fragte Gabriele. „Bist Du ein Gott der Liebe?

Ja, existierst Du überhaupt? Gibt es einen Gott? Und gibt es ein Weiterleben nach dem Tod?"

Wenn es einen Gott gibt, so folgerte Gabriele, dann müsste es doch auch ein Weiterleben nach dem Tode geben – auch für ihre Mutter. Wenn die Mutter aber weiterlebt, dann würde sie sie irgendwann auch wiedersehen.

Am ersten Todestag der Mutter trafen sich die Familienangehörigen im Elternhaus. Als Gabriele für einen Moment allein in einem Zimmer des Hauses stand, hatte sie plötzlich das Gefühl, es stünde jemand hinter ihr. Sie drehte sich um – und sah für einen Augenblick ihre Mutter, die sie anlächelte. Als sie erschrak, verschwand das Bild. Ein Jahr zuvor hatte Gabriele ein ähnliches Erlebnis noch beiseitegeschoben. Doch nun war sie sicher: Es gibt ein Weiterleben nach dem Tod! Die Seele des Menschen lebt weiter. Sie schläft also nicht auf dem Friedhof, um auf den „Jüngsten Tag" zu warten.

Später erfuhr Gabriele aus der göttlich-geistigen Welt, dass ihr diese Wahrnehmung ermöglicht wurde, dass sie gleichsam zugelassen wurde, um ihr eine Antwort auf einen Teil ihrer drängenden Fragen zu geben, und um ihr Mut zu machen, den Dingen weiter auf den Grund zu gehen. Denn eines dürfen wir nicht vergessen:

Auch einem Gottespropheten fällt der Einblick in geistige Zusammenhänge nicht einfach in den Schoß. Auch er muss als Mensch, der in eine ganz bestimmte Lebenskonstellation hineingeboren wurde, zunächst fragen, ringen und suchen, um seiner Aufgabe Schritt für Schritt näherzukommen.

Auch in diesem stetigen Ringen um Antwort, in diesem „den Dingen auf den Grund gehen", ist Gabriele uns allen ein Vorbild.

In der Schrift „Der Einheimische und der Prophet" aus dem Jahr 1997[5] beschreibt sie, wie sie aufgrund der Ereignisse zu beten begann und auf diese Weise Gott immer näher kam:

Hört Gott meine Gebete?

Vor etwa 25 Jahren war ich noch kein Werkzeug des Geistes Gottes, doch ich begann nach einem schweren Schicksalsschlag, Fragen zum institutionellen katholischen Gott zu stellen, von Dem ich – wie viele Katholiken – annahm, dass Er weit über den Wolken im Himmel sei und Güte, Liebe und Strafe austeile. Meine Fragen lauteten ungefähr folgendermaßen: Existiert Gott überhaupt? Wenn ja, wo ist Er? Gibt es ein Leben nach dem Tod?

Wenn ja, so überlegte ich, dann muss es ein überge-
ordnetes Wesen geben, das das Leben ist, auch das der
sogenannten Toten. Wo sind unsere verstorbenen An-
gehörigen, wenn es ein Jenseits geben soll? Wo sind z.B.
„die armen Seelen"? Wo werde ich sein, wenn ich ge-
storben bin?

Weiter stellte ich – zunächst ins Blaue hinein – Fragen an
Gott, die sinngemäß lauteten: Kannst Du mich hören?
Kannst Du mich verstehen? Nimmst du Dich überhaupt
der Sünder an? Nützt es, zu beten, wenn Du doch weit
entfernt bist? Kannst oder willst Du überhaupt die Gebete
der Menschen hören, oder hast Du keine Zeit, weil Du
damit beschäftigt bist, das Für und Wider des einzelnen
Menschen in Deine Buchhaltung einzuschreiben? War-
um bestrafst Du Unschuldige und holst Kinder und Men-
schen in der Blüte ihres Lebens von der Erde? Warum
lässt Du so viel Leid zu, auch an den Tieren?
Vielleicht existierst Du gar nicht! Warum verbirgst Du Dich
vor uns Menschen? Warum sagt man von Dir, dem Gott,
Du wärst der Vater aller Menschen. Ein guter Vater nimmt
sich seiner Kinder an, doch Du lässt viele Menschen ver-
kommen und lässt sie in jungen Jahren sterben. Ich habe
Sehnsucht nach einem gerechten Gott, der mein Vater
sein soll. Zum einen will ich glauben, dass Du existierst,

doch wenn ich das Leid der Menschen sehe, kann ich es nicht glauben. Müssen Dir alle Menschen ein solches Brimborium bringen wie die katholischen Priester, um Dich gnädig zu stimmen? Dafür habe ich keine Ader; dann muss ich Dich eben lassen.

Plötzlich kam ein Gedanke: Ich werde es ausprobieren, ob es einen Gott gibt, der mir auch dann gnädig ist, wenn ich das Brimborium nicht mitmache. – Wenig später reichte mir jemand ein Buch und sagte: Du suchst Gott. Vielleicht findest du hierin einige Anhaltspunkte. – Der Inhalt dieses Buches erschien mir logisch.

Der nächste Schritt war, dass ich eine Bibel aufschlug, und siehe da, ich fand bei Matthäus die Bergpredigt. Ich las sie und dachte: Das also will mir Jesus sagen! Ich nahm immer wieder einige Aussagen aus Seiner Bergpredigt und dachte in Abständen darüber nach. Sonderbar – in mir wurde es stiller. Die aufgebrachten Gedanken gegen Gott ebbten ab, und die Aussagen aus der Bergpredigt erschienen mir immer logischer. Wie aus heiterem Himmel kam wieder ein Gedanke: Vielleicht sollte ich doch beten. Ich begann zu beten, doch es ging nicht so recht. Immer wieder stieg in mir das Bild auf von dem Gott, der irgendwo thront. Immer wieder kamen mir jedoch auch Gedanken über die Aussagen der Bergpredigt. Ich hörte mit dem Stammeln meiner Gebete auf und dachte: Diese Gebete kann Gott sicher nicht vernehmen! – Es war ein Dahergeplappere.

Wieder beschäftigten mich die Gedanken über Gott. Plötzlich dachte ich: Er kann so fern nicht sein! Wenn Er der Vater aller Menschen ist, dann ist Er auch m e i n Vater. Ein weiser Gott kann nicht so fern sein, also muss Er meine Gebete hören. – Ich suchte im Wohnhaus eine stille Ecke und versuchte nun, konzentriert zu beten. Plötzlich merkte ich, dass ich durch das Gebet ruhiger und gelassener wurde. Es war, als hätte ich Antwort von Gott erhalten. Diese Ruhe und diese Gelassenheit taten meinem wunden und suchenden Herzen gut, das von weiteren Schicksalsschlägen aufgepeitscht war.

Die Antwort Gottes

Immer wieder suchte ich das Gebet. Plötzlich erkannte ich, dass sich meine Gebete total veränderten. Ich sprach keine Erwartungen mehr aus, sondern ich begann, im Gebet frei zu Gott zu sprechen, wie z.B.: Wenn Du mein Vater bist, dann will ich vertrauensvoll zu Dir kommen und Dir sagen: Mich schmerzt mein Herz, weil ich einen liebgewordenen Menschen verloren habe. Ich bitte Dich, *bewahre die Seele in Deiner Güte, Liebe und Barmherzig-keit. –*

Plötzlich fuhr ich auf – wie kann ich so beten? Woher kommt das? Wer sagt mir solche Gebete ein? Ich kannte bisher nur die vorgesprochenen Gebete von Priestern oder die Gebete im Gesangbuch.

Immer mehr zog es mich in die Ecke zum Beten, und stets war ich nach dem Gebet gestärkt, froh, freudig, zuversichtlich. Ich dachte: Das könnte die Antwort Gottes sein. Ich wurde immer mutiger und sprach Gott als meinen Vater an. Als Kind kam ich im Gebet zu Ihm, legte Ihm alles hin, was mich bedrückte, sagte Ihm aber auch, was mich erfreute oder was mich erregte und ärgerte. Nach dem Gebet hatte ich das Gefühl, ich sollte mich nicht ärgern, ich sollte keine gegensätzlichen Gedanken haben – ich sollte mich Gott anvertrauen. Und ich ging wieder ins Gebet und sagte: Herr, ich soll mich Dir anvertrauen. Es ist so, so schwer! Plötzlich merkte ich: Schwer ist es eigentlich nur, weil ich Ihm nicht vertraue, weil ich Gott mein Vertrauen nicht schenke, sondern Ihn, Gott, prüfen wollte, ob Er existiert.

Nun dachte ich mir: Diese allzumenschlichen Gedanken des Zweifels, der Sorge, des Kummers, Gedanken gegen den Nächsten, lege ich Gott hin. Das tat ich im Gebet – und spürte Kraft. Nach dem Gebet waren diese Gedanken wie hinweggewischt. Ich fühlte Stärke in mir und ahnte, was Vertrauen ist, was es heißt, als Kind zu Gott zu kommen, zum ewigen Vater, Ihm alles hinzulegen. Immer und immer wieder tat ich dies. Das Vertrauen zu Gott, unserem ewigen Vater, wuchs, und schließlich begann ein kleines Lichtlein der Liebe zu Gott zu brennen; es war die Liebe zu einem Vater, der mich ruhig stimmte, der mir half, Ihm Vertrauen zu schenken, der mir ganz allmählich half, an Ihn zu glauben.

Plötzlich begann ich zu jauchzen, und Freude zog in mein Herz: Ich fühlte, es gibt einen Gott, der mich hört! Es gibt einen Gott, der mich versteht! Es gibt einen Gott, der mir hilft! Meine Gebete wurden zunehmend inniger und tiefer, und mein Leben verwandelte sich.

Immer wieder nahm ich die Bergpredigt zur Hand und las z.B.: Was du willst, dass dir die anderen tun, das tue du ihnen zuerst. Woraus sich ergibt: Was du nicht willst, dass man dir tu', das füg' auch keinem anderen zu. – Das war schwer! Doch ich versuchte es in dem Vertrauen auf Gott. Immer dann, wenn es mir glückte, fühlte ich Freude und Dankbarkeit Gott gegenüber. Ich fühlte, wie ich freier und unbeschwerter wurde. Bald war mein ganzes Sinnen und Trachten, wieder zu Ihm zu beten, im Gebet Ihm nahe zu sein.

So erfuhr ich, dass es einen nahen Gott gibt, einen Gott der Liebe, einen Vater, zu Dem wir alle kommen können. Er wird nicht immer das tun, was wir wollen, sondern Er handelt nach Seinem gerechten und heiligen Gesetz der Liebe.

Gott spricht durch viele Münder.

Die Frage nach Gott beinhaltet immer auch die Frage nach dem Sinn des Lebens, nach dem Woher und Wohin des Menschen. Etwa zwei Jahre nach dem Tod ihrer Mutter fiel Gabriele ein Buch in die Hände, das weitere Denkanstöße beinhaltete: der Roman „Das Spiel ist aus" von Jean Paul Sartre. In dieser spannenden Geschichte geht es nicht nur um die Ziele, die Menschen sich für ihr Leben setzen, und um die oft widerstreitenden Antriebskräfte, die manches gelingen, manches aber auch scheitern lassen. Es wird auch gezeigt, dass die Seelen nach dem Tod weiterleben – und zwar mit all den Charaktereigenschaften, die sie als Menschen besaßen. Und vom „Kunstgriff" des Autors, den Hauptdarstellern eine „zweite Chance" auf Erden zu ermöglichen, ist es nicht mehr weit bis zu der Ahnung, dass es tatsächlich die Möglichkeit wiederholter Erdenleben geben könnte. „So muss es sein und nicht anders", dachte Gabriele. „Wir sind auf Erden, um unser irdisches Leben zu meistern. Und es muss einen Gott geben, der uns dabei hilft – einen Gott, der immer den Überblick hat, der um alle Dinge weiß, der das ganze gigantische Universum erschaffen hat." In einem Interview [6] schildert sie selbst ihre Erkenntnisse:

Über den Inhalt dieses Buches hinaus wusste ich plötzlich, wie es in den anderen Welten weitergehen musste. Ich wusste plötzlich, dass das Leben weitergeht. Ich wusste plötzlich, dass es immer wieder die Möglichkeit einer Inkarnation geben muss. Ich möchte fast sagen: Dieser kleine Roman brachte meine Seele in Schwingung und ließ mich erkennen, welcher Schatz in jedem von uns liegt. Geistige Bücher und dergleichen las ich nicht. Mir genügte es zu wissen: Gott ist unser Leben, und Gott ist Geist. Wir leben ewig!

Auf diese Weise erfuhr Gabriele zugleich, dass Gott unendlich viele Möglichkeiten hat, zu uns zu sprechen: oft auch indirekt durch einen Mitmenschen, durch ein Ereignis, oder eben durch ein Buch. Sie zweifelte nun nicht mehr an Gott und erhob keine Vorwürfe mehr gegen Ihn. Umso größer wurden die Zweifel an dem, was die Priestermänner und Theologen im Laufe der Jahrhunderte aus Gott, dem Ewigen, dem All-Geist, dem

Schöpfer, der das Leben ist, gemacht haben. Im „Gabriele-Brief für Freiheitsdenker" berichtet sie über diesen Abschnitt ihres Lebens: [7]

Gibt es einen Gott?
„Das sind die unergründlichen Geheimnisse Gottes."

Ganz plötzlich, über Nacht, starb meine Mutter. Ihr Tod warf weitere Gedanken und Fragen auf. Was heißt Leben? Lebt meine Mutter? Wo ist meine Mutter? Die katholische Beerdigung des Leichnams meiner Mutter und die Bestattungsrede des Priesters waren für mich nichtssagend; es waren für mich unzusammenhängende Worte, die einfach so dahergesprochen wurden, wie man sie eben bei jeder Beerdigung hört.

Weil ich im Bekanntenkreis immer wieder nach Gott fragte – Gibt es einen Gott? Wo ist Gott? Lebt die Seele meiner Mutter? Gibt es überhaupt eine Seele? –, wurde ich einem jungen Theologen vorgestellt. Wir kamen ins Gespräch. Er erzählte, wann und wie er sein Theologiestudium absolviert hatte und dass er zum Priester geweiht worden war. Dann sprach er über Theologie, vor allem darüber, was der Priester zum Zelebrieren der verschiedenen Mes-

sen und Andachten an Sonntagen und hohen Feiertagen alles beachten muss. Von Gott sprach er nicht – nur über die vielen Zelebriermöglichkeiten zu hohen Feiertagen, zu Festtagen und an normalen Sonntagen.

Der junge Geistliche sprach auch von den „Lehrmeinungen" seiner Kirche. Das löste in mir eine innere Revolution aus. Was heißt „Lehrmeinung"? Etwas Ausgedachtes, eine Meinung der Theologen, von Menschen also, die ihre Vorstellungen als Lehrmeinungen predigten – und das unter dem Namen des Jesus? Hat Jesus den Menschen „Lehrmeinungen" hinterlassen? Über diesen verklausulierten, philosophierten menschlichen Vorstellungen und theologischen Spitzfindigkeiten wurde ich ungeduldig und warf die Frage über Gott ein: „Gibt es überhaupt einen Gott, und kann man Ihm näherkommen? Wo ist Gott?"

Die Antwort des jungen Priesters erschien mir derart flach und nichtssagend, dass ich erschrak. Sie hieß: „Man kann nichts wissen. Außerdem sind gerade das die unergründlichen Geheimnisse Gottes. Und Gott lässt sich nicht in Seine Geheimnisse schauen."

Auf die Frage, ob man Gott näherkommen kann, meinte er sinngemäß: „Gott ist so weit weg. Ich denke, dass Er uns hört, vor allem dann, wenn wir Ihn in der Kirche besuchen."

Das war alles, was er mir auf meine Fragen antwortete, so dass ich jetzt so unwissend war wie zuvor. Ich dachte: „Wenn es Gott gibt und Er auch noch Geheimnisse vor mir haben muss, dann werde ich auf meine Fragen niemals Antwort bekommen." Diese so wenig gehaltvolle Antwort über Gott ließ mich noch mehr an der Kirche zweifeln. Im Gebet rang ich immer wieder darum, die Zweifel an Gott zu überwinden.

„Ihre Mutter ist nicht tot!"
Gott ist das Leben.

Beim Einkaufen begegnete ich öfter einer Frau, mit der ich allgemeine Gespräche führte, z.B. über die Preise im Supermarkt, was es günstig gibt und was sehr teuer ist, und einiges mehr. Der plötzliche Tod meiner Mutter hatte körperliche Spuren hinterlassen. Noch viele Monate lang sah ich angestrengt und müde aus. Das bemerkte sie, denn als wir in der Eingangshalle des Supermarktes wieder einmal zusammentrafen, sprach sie mich darauf an: „Haben Sie große Sorgen?"
Ich erzählte ihr von dem plötzlichen Tod meiner Mutter und von den quälenden Fragen, ob es ein Leben nach dem Leben gibt und ob Gott überhaupt existiert. Die Be-

kannte blickte mich so ruhig, so von innen heraus freundlich und verstehend, ja gütig an, dass mir das Herz aufging. Ich erzählte ihr von meinen Lebensregeln, dass ich schon als Kind den Wunsch gehabt hatte, gut zu sein. Ich vertraute ihr an, welche Worte mir meine Mutter so eindringlich ans Herz gelegt hatte, „Was du nicht willst, dass man dir tu', das füg' auch keinem anderen zu." Auch sprach ich von Helmut, dem Freund der Familie, der mir auf der Glückwunschkarte noch einmal geraten hatte, mich an die Lehre des Jesus zu halten und auf Seinem Weg voranzuschreiten. „Dieser Helmut ist ein aufrechter Mensch, der sich selbst treu bleibt", sagte ich. „Er ist ein großer Freund der Natur und kein Kirchgänger; er hat Gott in der Natur gefunden."

In kurzen Worten gab ich das Gespräch mit dem jungen Theologen wieder und erklärte: „Wohl bin ich noch Katholikin, trage mich aber mit dem Gedanken, aus der Kirche auszutreten, die ich ohnehin schon nicht mehr aufsuche. Lieber gehe ich auf den Friedhof, wo ich Ruhe finde, um für die Verstorbenen zu beten, oder ich bete zu Hause, wenn ich alleine bin. Außerdem", so sprudelte es aus mir heraus, „habe ich viele Fragen an Gott und hoffe, dass Er sie mir irgendwann beantwortet!"

Meine Gesprächspartnerin hörte mir aufmerksam zu, und sie stellte nun gezielte Fragen. Als ich auf ihre Fragen

Antwort gegeben hatte, sagte sie mit ernster und bestimmter Stimme sinngemäß: „Wie Sie gesagt haben, suchen Sie Gott, jedoch nicht in der Kirche. Das ermutigt mich, offen zu sprechen. Sie werden Gott in keiner Kirche aus Stein finden, denn Gott ist nicht in einem Steinhaus, das von Menschenhänden erbaut ist. Alles, was der menschliche Verstand, die theologisch-intellektuelle Fachsimpelei, schuf, ist eine Lehrmeinung der Kirchen und eine Anmaßung des Menschen gegenüber Gottes Schöpfung. Ich wiederhole: Es ist eine intellektuelle Fachsimpelei über Gott, aber nicht die Wahrheit über Gott und Seine Schöpfung."

Sie sagte: „Sie" – und meinte mich – „und wir alle sollen zum Bildnis Gottes werden, indem wir dem Baumeister unseres Körpers die Ehre geben und so denken, reden und tun, wie Gott es will, der Seine Schöpfung durchströmt."

Und sie fuhr fort: „Gott ist das Leben. Er, Gott, das Leben, ist Seine reine Schöpfung. Er, Gott, ist in allen materiellen Formen, die Er zur Formgebung zugelassen hat, damit alles, was verdichteter Urstoff ist, zu leben vermag. Die Dichte, z.B. der menschliche Körper, soll zum Bildnis der reinen Schöpfung werden. Deshalb gab Gott den Menschen die Gebote und Sein Sohn Jesus den Weg, der ins Vaterhaus führt, die Bergpredigt."

Jedes ihrer Worte rief in mir einen Widerhall hervor, obwohl ich zugleich merkte, dass ich sie noch nicht voll zu erfassen vermochte. Was diese Frau sagte, faszinierte mich, auch als sie weitersprach: „Um die Kräfte des Alls, die Urkraft, das Licht, das im Menschen ist, wieder zum Fließen zu bringen, sollten wir uns bewusst machen, dass Gott in Seiner Schöpfung ist, in uns, in unserer Seele und – so weit wir Seinen Willen tun – auch in unserem Körper. Gott ist das Leben in allen Menschen, in jedem Tier, in der ganzen Natur, in allen verdichteten Gestirnen. Im reinen Sein, in den Himmeln, ist Gott Seine Schöpfung, ohne Umhüllung, ohne Dichte, weil es im ewigen Reich keine Dichte, keine Materie gibt. Die Lebensformen in den ewigen Himmeln sind geistiger Urstoff."

Sie sah mich prüfend an. „Sie werden das, was ich Ihnen jetzt gesagt habe, irgendwann verstehen lernen." Ich fragte sie: „Woher haben Sie all dieses Wissen?" Und sie antwortete: „Ich bete und lese viel, außerdem besuche ich eine Gemeinschaft, die das Wort der Himmel hoch schätzt und in der viel gebetet wird."

Noch immer standen wir im Entree des Supermarktes. Was diese Frau sagte, übte auf mich eine Anziehungskraft aus, die ich mir nicht zu erklären vermochte. Mir war, als könnte dieses Gespräch bedeutsam für mein Leben sein. Mein Gegenüber gab mir folgenden Rat:

„Wenn Sie beten, dann suchen Sie einen ruhigen Ort auf. Beten Sie in sich hinein, denn Gott, die Liebe und Güte, wohnt in Ihnen. Gott, die Liebe und Güte, wohnt in der Natur, in den Gestirnen. Er ist allgegenwärtig." Sie ging auch auf meinen Kummer ein und erklärte mir sinngemäß: „Ihre Mutter ist nicht tot; sie lebt in einem feineren Körper, den wir Seele nennen, den wir Menschen aber nicht sehen können. Leben kann nicht zerstört werden. Was sich als Materie, also Dichte, zeigt, ist der Ordnung Gottes untergeordnet. Dichte wird immer in feineren Stoff umgewandelt."

Konnte ich ihre Worte damals auch nicht ganz verstehen, so beruhigten sie mich doch ein wenig. Als wir uns voneinander verabschiedeten, bedankte ich mich auf das Herzlichste. Ich glaube, ich habe sie so angestrahlt, dass sie mich kurz in die Arme nahm und mir ins Ohr flüsterte: „Im Herzen haben Sie verstanden. Gott segne Sie!"

Und Er, der große All-Eine, segnete mich.

Beim Einkauf im Supermarkt begegnete ich immer wieder einmal jener Frau, die mir geraten hatte, nach innen zu beten, zu Gott in mir. Wenn wir uns trafen, unterhielten wir uns nicht nur über Gott, sondern über verschiedene Dinge, was die Preise im Supermarkt betraf, und auch über Kochrezepte, über die Familie und, und, und. Wie schon gesagt, war nicht immer das Thema Gott, doch hin und wieder sprach sie von Ihm. So auch heute.

Wie oft hatte ich von ihr gehört: „Wir sollen nach innen beten!" Bei unserem heutigen Gespräch jedoch fielen diese ihre Worte tief in mein Inneres. Es war wie eine Gravur in mein Bewusstsein, dass der Mensch nach innen zu Gott beten soll, in seinen Körper und in seine Seele hinein. Ich versuchte es damit und stellte fest: Es schadet tatsächlich nicht, nach innen zu beten; man wird ruhiger und im Alltag sicherer.

Ich begann, immer mehr nach innen zu beten. Zuerst waren es abstrakte Gebete, die an katholische Gebete erinnerten. Bald jedoch bekamen sie einen tiefen Sinngehalt. An Tagen, an denen es sehr hektisch und turbulent zuging, auch wenn ich mit Menschen zu tun hatte, die mich unangenehm berührten oder an denen mir einiges missfiel, stiegen in mir die Worte auf, die mich nun schon viele Jahre auf meinem Lebensweg begleiteten: „Was du willst, dass dir andere tun, das tue du ihnen zuerst." Oder umgekehrt: „Was du nicht willst, dass man dir tu', das füg' auch keinem anderen zu." Ich dachte: „Das gilt sicher auch für meine Gefühle und meine Gedanken."

Die Frau, die mir den wertvollen Hinweis gegeben hatte, die Gebete nach innen zu senden, statt hinauf in einen fernen „Himmel", lud mich auch zu Gebetsandachten *ein. In bestimmten Zeitabständen kamen mehrere Menschen zusammen, um gemeinsam zu beten. Nach dem Gebet gab es Gespräche, die für mich sehr aufschlussreich waren. Hin und wieder hörte ich Worte aus den Himmeln, die durch eine Frau zu uns gesprochen wurden und die mich besonders anregten, Gott in mir zu finden. Heute weiß und erkenne ich: Gott war mit mir. Er lenkte meine Schritte. Er führte mich.*

In einem weiteren Interview[8)] hat Gabriele frühzeitig klargestellt, dass sie in dieser Gemeinschaft keinesfalls „erste Gotteserfahrungen" gemacht hatte oder gar zum Inneren Wort aufgerufen worden war. Diese Klarstellung war notwendig geworden, weil bestimmte Beauftragte der Kirchen, moderne Inquisitoren im Priestergewand oder Pfarrertalar, nichts unversucht ließen, Gabrieles innere Entwicklung irgendwelchen äußeren Einflüssen und Faktoren zuzuschreiben und ihre spätere Berufung zur Gottesprophetin in Frage zu stellen. Doch davon kann keine Rede sein. Gabriele lernte dort lediglich „das Beten zu einem Gott, der nicht fern von mir ist, sondern dessen Geist in mir wohnt". Dies bestätigt sie sinngemäß auch im erwähnten Gabriele-Brief:[9)]

Mein Durchbruch ins Geistige –
der Kontakt zum Himmel

Beten wurde für mich zum Anliegen. Ich betete nur noch nach innen und begann, mich immer mehr selbst zu kontrollieren, um dem gerecht zu werden, was Jesus die Menschen lehrte, so auch in der Bergpredigt. Durch das Gebet und die Selbstkontrolle erlangte ich Disziplin mit mir selbst und in meinem Alltag. Ich spürte: Wenn ich wenig redete und innezuhalten vermochte, bevor ich sprach, um nur das zu sagen, was ich nach dem Maß „Was du willst, dass dir andere tun, das tue du ihnen zuerst" vertreten konnte, wurde ich ruhig und besonnen. Auch meine Arbeit ging mir dann gut von der Hand, und Gespräche wurden produktiver.

Was war mit mir los? Ich erlangte eine innere Freiheit, eine Leichtigkeit des Gemüts und gleichzeitig ein inneres Gefühl, ein klares Empfinden, das mir mit immer größerer Sicherheit Einsicht in Dinge, Geschehnisse, Ereignisse und in das Verhalten von Menschen gab. So ahnte ich im Voraus den Verlauf wichtiger Gespräche und einiges mehr. Wenn Menschen Unwahres sagten, schaute ich es in ihrem Gesicht und vernahm es aus dem Klang ihrer Stimme. Vieles von dem, worauf mein Blick ruhte, gab mir in der Empfindung Aufschluss und Antwort. Auch im

Gebet erlebte ich deutlich, wie z.B. die Natur auf feine oder grobe Schwingungen reagiert, oder mir wurde klar, wie ich mich in verschiedenen Situationen, die der Alltag brachte, verhalten sollte. Sobald ich so dachte, sprach oder handelte, wie ich es im Inneren empfunden und erkannt hatte, lösten sich Situationen oder Schwierigkeiten zur Zufriedenheit für alle Beteiligten.

War es mir möglich, zu prüfen, ob es tatsächlich so war, wie ich es in mir erlebt und verspürt hatte, verblüffte mich das immer mehr. Es war, als würde die Zeichnung eines Gesichtes mir Antwort auf die Welt der Gedanken des betreffenden Menschen geben. Aus Gesprächen und Problemen erspürte ich die Lösung.

Sonderbar – war ich in der Natur, im Garten, so spürte ich, wie die Natur reagierte, nämlich so, wie augenblicklich meine persönliche Verfassung, mein Verhalten ihr gegenüber war. Stand ich meiner Gartenarbeit gleichgültig gegenüber, waren meine Gedanken nicht bei meiner Tätigkeit, dann ging mir die Arbeit schwer von der Hand; ich wurde müde und lustlos. Dasselbe war auch bei anderen Verrichtungen zu beobachten, auch was die Hausarbeit anbelangt.

Arbeitete ich hingegen bewusst, war ich gedanklich bei meiner Arbeit, dann fühlte ich mich wohl. Ich empfand

94

ein Glücksgefühl, als würde ich vermehrt Energie bekommen. Freude kam auf! Auch schwere Arbeit konnte ich verrichten, ohne gleich zu ermüden. Ich verglich meine Mentalität von heute mit der von vor Jahren. Heute fühlte ich mich behend und beschwingt. Fröhlichkeit und Freude führten geradezu zu einer Begeisterung, jeden Tag freudig zu meistern. Immer öfter kam mir die Lebensregel in den Sinn: „Was du willst, dass dir andere tun, das tue du ihnen zuerst." Oder: „Was du nicht willst, dass man dir tu', das füg' auch keinem anderen zu." Diese Gravur wirkte mehr und mehr.

Meine geistige Entwicklung vollzog sich in Schüben. Infolge der intensiven Lernvorgänge gab es natürlich das Auf und Ab, das Hoch und das Tief. Mein Gemüt, mein Unterbewusstsein, mein ganzes Wesen befand sich in einem gewaltigen Umgestaltungsprozess, gleichsam in einem Rüttel- und Schüttelprozess, der – wie mir heute bewusst ist – alles in allem Seele und Mensch reinigte und auf das Kommende vorbereitete.

Meine Tage wurden reicher an Erfahrungen. Ich fühlte z.B., dass die Natur Leben ist und dass Leben Verbindung, also Kommunikation, ist. Ich dachte: Wenn in allem das Leben ist, dann ist Kommunikation eine große Einheit, ein allumfassendes Wirken des ewigen Geistes, der die Unendlichkeit durchströmt und alles in Seinen Händen

95

hält. Infolgedessen hält der große, mächtige Geist jeden Baum, jede Pflanze, jeden Stein und jedes Tier in Seinen Händen, weil in allem und allen das kommunikative Leben ist. Und wieder fiel mir ein: „Was du nicht willst, dass man dir tu', das füg' auch keinem anderen zu."

Ich fragte mich: Wer ist „der andere"? Wenn in allem das Leben, Gott, ist und die ganze Unendlichkeit untereinander verwoben ist, sich also in ständiger positiver Kommunikation befindet, dann empfindet auch jeder Baum, jeder Strauch, jedes Pflänzchen, jedes Tier und jeder Stein. Und ich dachte: „Viele Menschen glauben an Gott und Seine Liebe. Liebt der Mensch überhaupt Gott? Würde er Gott lieben, dann müsste der Mensch auch die Natur und die Tiere lieben, die ganze Erde, weil alles Leben aus Gott ist."

In meiner Gedankenwelt war mir plötzlich, als würde jemand zu mir sprechen: „Wer kann Leben schaffen? Der Mensch kann kein Leben schaffen, weil er immer die Grundsubstanz des Lebens braucht, um Formen zu schaffen oder Kräfte hervorzubringen. Selten denkt der Mensch darüber nach; also glaubt er nicht an Gott und Seine Schöpfung und erfasst somit auch nicht, was Leben bedeutet und woher das Leben kommt."

Ich dachte und glaubte gleichzeitig, die Antwort zu erhalten: „Wenn Gott das Leben ist, dann ist das alles, was ich *sehe, und sicherlich auch manches, das ich nicht sehe, Gottes mächtiger Schöpfungsgedanke für die Wesen der Himmel, aber auch für uns Menschen."*

In vielen meiner Gebete, in denen ich um Hilfe und Antwort bat, erhielt ich schon während des Betens Hinweise und Wegweisungen, die als klare Empfindungen oder Gedanken in mein Bewusstsein traten. Oder es wurde mir Tage später geholfen.
Die Hinweise, die ich im Zeitlichen prüfen konnte, erforschte ich auf das Genaueste. Sie stimmten! Es war, als hätte ich Kontakt zum Himmel bekommen.
Und so war es auch!

Gabriele, das wird in diesen Zeilen deutlich, suchte in dieser Zeit die Stille. Sie verbrachte manche Stunde auf der Terrasse hinter dem Haus, betrachtete die Natur und betete. Gelegentlich hörte sie auch harmonische Musik. Vor nunmehr sieben Jahren war die Familie hierher gezogen. Besonders die fünf Jahre seit dem Hinübergehen der Mutter waren sehr anstrengend für sie gewesen. Ihr Vater hatte den Tod seiner Frau nur sehr schwer überwunden. Er haderte förmlich mit Gott, und sie bekam dies alles bei ihren häufigen Besuchen hautnah mit, ohne ihm wirklich helfen zu können.

Doch Gabriele hatte nun einen inneren Halt gefunden, an den sie sich immer wieder wenden konnte: „Ewiger Vater" nannte sie Ihn liebevoll. Auch wenn es anfangs nur wenige Worte waren – „Ewiger Vater, der Du bist im Himmel! Deine Kraft ist in mir!" –, so wuchs doch eine tiefe innere Beziehung zu dieser Kraft, die sie noch nicht fassen konnte und die doch da war.

Kapitel 2

Der Durchbruch des Inneren Wortes und die Ausbildung zur Prophetin des Herrn

Große Ereignisse haben meist Vorboten. Auch wenn der Mensch sie in ihrer Bedeutung und Tragweite noch nicht erfassen kann – die lichte Seele eines Menschen weiß sehr wohl, dass sich etwas Großes anbahnt und möchte dem Menschen Hinweise und Impulse geben. Während Gabriele einerseits mit aufwühlenden Träumen zu kämpfen hatte, während sie andererseits im Gebet um Stille und Frieden rang, wurden ihr auch immer wieder geistige Einblicke geschenkt. Wenn sie tief im Gebet versunken war, öffnete sich ihr geistiges Auge, und sie sah z.B. lichtdurchflutete Gärten und Wesen des Lichts. Strahlen des Lichtes deuteten auf Christus hin, der die Erde und unzählige Menschen einhüllte.

Der Mensch Gabriele konnte mit diesen geschauten Bildern nur wenig anfangen. Doch heute wissen wir: Es war ein Ausblick auf einen Teilaspekt des Auftrags, für den sie vorbereitet wurde – ein Ausblick auf die Christusstrahlungen, die zu Beginn der 90er Jahre regelmäßig stattfanden: Christus offenbart sich durch das göttlich-prophetische Wort und sendet Seine heilenden Strahlen in die ganze Welt.

Im Sommer 1974 wusste davon noch niemand etwas. Zwei Menschen saßen im Sonnenlicht beim Frühstück auf der Terrasse. Sie sprachen miteinander. Gabriele teilte ihre oftmals schweren Träume mit. Ihr Gegenüber schaute an ihr vorbei, und Gabriele schwieg. Stumm und regungslos schaute der Gesprächspartner in eine bestimmte Richtung, bis er, fasziniert und erschüttert, sagte: „Ich bin doch eigentlich ein nüchterner Mensch. Aber jetzt gerade habe ich hinter dir klar und deutlich eine große weiße Gestalt gesehen. Es könnte Christus mit erhobenen Händen gewesen sein."
Was hatte das zu bedeuten? Sie konnten sich keinen Reim darauf machen. Beide zuckten mit den Schultern und ließen die Sache auf sich beruhen.
Doch schon eine Woche später wiederholte sich das Ereignis. Diesmal stand Gabriele in der Küche, wieder berichtete sie von ihren Träumen.
Und wieder öffnete sich das geistige Auge des Zuhörenden. Wieder sah er die Gestalt des Christus, der Seine Hände schützend und segnend über Gabriele hielt.

Diesmal gab Gabriele ihrer Verwunderung Ausdruck mit den Worten: „Was sind wir? Wir sind doch nichts anderes als Sandkörner in diesem großen Universum." Daraufhin stiegen die folgenden sinngemäßen Worte in ihr auf: „ Und dieses Sandkorn, das du zu sein glaubst, wird Mir noch reichlich Früchte bringen, denn der Herr ist mit dir."

Gabriele schrieb diese Worte zwar auf, wusste aber nicht, was sie bedeuten sollten, und legte die Notiz wieder zur Seite. Und doch hatte das Ereignis etwas bewirkt: Es gelang ihr in der Folgezeit immer besser, in die Stille zu finden und aus dem Inneren zu beten. Auch bei der Hausarbeit fühlte sie sich innerlich wie angehoben. Es stiegen hin und wieder Worte in ihr auf, z.B. von einem „Lebensbäumchen", das stark werden muss, das begossen werden soll. Doch sie hielt das für Gedanken, die sie selbst hervorgebracht hatte und maß ihnen keine große Bedeutung bei.

Emanuel stellt sich vor.

Die dunklere Jahreszeit lädt uns Menschen dazu ein, stiller zu werden und nach innen zu finden. Der Weihnachtstag des Jahres 1974 hielt für Gabriele ein weiteres

Erlebnis bereit, das schon auf das Kommende hinwies – so, wie ein Lichtstrahl durch eine halb geöffnete Tür fällt, ehe sie sich ganz öffnet. Gabriele berichtet darüber:

Ich war um die vierzig Jahre alt, als ich am Morgen eines Weihnachtstages im Wohnzimmer saß und mich auf den Weihnachtsbaum ausrichtete, denn ich war Katholikin. In der Nähe des Weihnachtsbaumes stand eine wunderschöne Holzfigur, ein Geschenk zu Weihnachten. Plötzlich sah ich, wie sich in einem gewissen Abstand etwas bewegte; es war ein wunderschönes Wesen. Ich sah es und vernahm in meinem Innersten die Worte: „Ich bin dein Geistiger Lehrer, Bruder Emanuel!"
Ich erschrak – ich erschrak sehr. Was soll das? Ich kenne keinen Bruder Emanuel.[1)]

Der Mensch Gabriele kannte dieses geistige Wesen, Bruder Emanuel genannt, zu diesem Zeitpunkt noch nicht, aber ihre Seele kannte und kennt ihn sehr wohl. Und es war nur eine Frage der Zeit, bis er sich erneut bemerkbar machen würde. Der Schrecken, von dem sie berichtet, zeigt auf, dass sie zeit ihres Lebens nie darauf bedacht gewesen war, so etwas wie eine innere Stimme zu vernehmen. Sie wusste rein gar nichts von einem göttlich-prophetischen Wort oder auch nur von den Erfahrungen großer Mystiker. Als einfache Katholikin hatte sie davon nie etwas gehört. Durch äußere Schicksalsschläge angestoßen, hatte sie jedoch gelernt, still zu werden, zu beten und trotz allem von innen her hoffnungsvoll und zuversichtlich in die Welt zu blicken.

Der 6. Januar 1975

Gabriele wusste auch nichts davon, welche Bedeutung der 6. Januar für die frühe Christenheit hatte. An diesem Tag wurde ursprünglich der Taufe Jesu im Jordan gedacht. Man könnte auch sagen: Es ist der Gedenktag Seiner „geistigen Geburt", der Tag der Berufung des Zimmermannssohns aus Nazareth zum größten Gottespropheten aller Zeiten.

Von all dem wusste und ahnte Gabriele, wie gesagt, nichts, als sie am Abend des 6. Januar 1975 im Gartenzimmer ihres Hauses saß und Rückschau hielt. Sie überdachte die fünf Jahre, die seit dem Tod ihrer Mutter vergangen waren, dachte an ihren Vater, an viele Ereignisse und Schwierigkeiten – und es überkam sie eine tiefe Stille. Denn sie spürte: Während der ganzen Jahre hatte sich immer eine schützende und segnende Hand über die Familie gebreitet. Und sie begann zu beten.

Plötzlich sah sie an ihrer linken Seite eine wunderschöne Gestalt stehen, ein Wesen in leuchtend weißem Kleid. Ihr erster Gedanke war, dass dies sicherlich ihr Schutzengel wäre – und sie dankte ihm für den Schutz, den er ihr und ihrem Mann gewährt hatte, denn sie waren schon des öfteren bei Autofahrten in gefahrvolle Situationen gekommen. Doch noch während sie dies dachte, stiegen die folgenden Worte in ihr empor:

„Der Friede und die Liebe sind mit euch allen, der Segen des Vaters und des Sohnes. Gott führt euch die Wege, Gott ist euch Schirm und Schild. Der große Eine, Einzige: Ihm wollen wir dienen; Ihn wollen wir lobpreisen, und Ihm gehört aller Dank, denn Er ist der Vater, und wir sind alle Seine Kinder."

Es war ein Wesen aus dem ewigen Sein, das zu ihr sprach, Bruder Emanuel. Er hatte den Dank also sofort getreulich weitergereicht und auf Den hingewiesen, von Dem alles Gute kommt: Gott.

Gabriele fühlte sich durch diese Worte getröstet und gestärkt, und sie schöpfte plötzlich Mut und Vertrauen. Sie stellte eine Frage: „Warum werde ich in den Träumen so geplagt?"

Und die Antwort in ihrem Inneren lautete:

„Alles, was in der Seele ist, kehrt sich nach außen. Ist die Seele gereinigt, so kann die göttliche Einstrahlung beginnen. Fürchte dich nicht! Tritt mit der Kraft und der Liebe Gottes diesen Träumen entgegen – und du wirst der Sieger sein. Wir sind euch zum Schutz beigegeben, und so ihr alles in der Liebe tut, werdet ihr an Leib und Seele keinen Schaden erleiden. Der Herr ist mit euch – und Sein Geist geleitet euch auf allen Wegen. Tuet alles mit den Worten: ‚Jesus Christus ist mit uns'"

Gabriele hat diese Worte kurz darauf aufnotiert, deshalb sind sie uns überliefert. Sie dokumentieren einen Einschnitt, eine grundlegende Wende in ihrem Leben: den Durchbruch des Inneren Wortes. An die Stelle von einzelnen Tropfen Inneren Lebens tritt nun – zunächst noch zaghaft zwar, doch mit der Zeit immer klarer, kraftvoller und tiefer – ein innerer Strom. Und sie hatte auf diesen Strom geantwortet, hatte eine Frage gestellt – und damit einen inneren Dialog mit der göttlich-geistigen Welt begonnen, der bis heute andauert und Früchte über Früchte trägt.

Die Stimme des Herzens

Von diesem Tag an hörte Gabriele täglich zunächst ein- oder zweimal diese innere Stimme, die stets liebevoll und einfühlsam mit ihr sprach. Sehr lebendig schildert sie diese ersten Begegnungen mit Bruder Emanuel noch im Jahr 2008, also 33 Jahre später, in einer sinngemäß zusammenfassenden Rückschau:

„Plötzlich hörte ich in meinem Herzen eine Stimme. So weit, wie ich's erfassen konnte, stellte sich etwas in mir vor ... Und es sprach, so sinngemäß: „Ich komme aus dem Reich Gottes. Ich bin ein göttliches Wesen. Ich stelle mich dir als Bruder Emanuel vor, aus dem ewigen Sein, aus den Himmeln." Ich erschrak. Neugierig hörte ich, was das in meinem Herzen ist, was da spricht. Und so weit, wie ich es verstehen konnte, sprach's in meinem Herzen: „Der ewige Geist, Gott, der als Substanz und Kraft unser himmlischer Vater ist, möchte dich als Instrument ausbilden lassen, so dass du die himmlische Sprache, die Sprache des Reiches Gottes, wahrzunehmen vermagst, um sie dann in deine Muttersprache umzusetzen." Ich gab keine Antwort. Ich konnte auch keine Antwort geben – es sprach i n m i r . Es sprach in meine Gedanken hinein, und ich konnte diese Gedanken nicht abschalten.

Einige Zeit später stellte sich dieses himmlische Wesen wieder vor, und es grüßte mich aus dem Reich Gottes, und es erklärte mir so weit, wie ich's damals aufnehmen konnte, dass Jesus, der Christus, der einst als Jesus über die Erde ging, den Menschen noch einmal die Botschaft der Wahrheit, die Botschaft des Lebens, verkünden möchte. „Da das Reich Gottes nicht die Sprache der Menschen hat, deshalb braucht das Reich Gottes ein Sprachrohr. Und dieses Sprachrohr sollst du sein."

Es waren eigenartige Gefühle in meinem Herzen. Ich spürte: Etwas ist gegenwärtig; etwas ist da, das mich mit unsagbarer Liebe und Größe durchdringt. Denn ich war Katholikin. Von einem Reich Gottes hatte ich kaum etwas gehört und schon gar nicht „Gott in mir".

Ein weltweites Werk soll entstehen.

Vorsichtig, ganz vorsichtig sprach das göttliche Wesen in mich ein und sagte sinngemäß: „Was der Ewige und Sein Sohn, Christus, wünschen, ist, dass sich durch dich ein weltweites Werk aufbaut." Und dieses göttliche Wesen erklärte mir, so weit, wie ich's aufnehmen konnte: „Wenn du zu der Ausbildung eines Sprachrohrs der Himmel ja sagst, dann sei vorausgeschickt: Viele Menschen werden dich ablehnen. Die Priesterkaste wird dich verfolgen und lächerlich machen. Hörige Journalisten werden dich in den Medien so lächerlich machen, wie es die Kirchen wollen. Sie werden Dinge behaupten, die nicht stimmen. – Gott ist gerecht. Bevor du das Ja zu Ihm sprichst, will ich dir das sagen."

Und ich sagte ganz schüchtern in mein Inneres hinein: „Wie soll das geschehen? Wir kennen niemanden. Wir sind nicht vermögend. Ein weltweites Werk – wie soll das geschehen?"

Und dieses göttliche Wesen sagte nach und nach, verteilt über Tage: „Menschen werden auf dich zukommen und an das Wort der Himmel glauben. Menschen werden wieder gehen, weil sie andere Interessen haben, Interessen dieser Welt. Doch immer wieder werden Menschen kommen und mithelfen, dass das weltweite Werk entsteht. Doch eines sei dir gesagt: Das Reich Gottes hat unumstößliche Gesetze, Gesetze der Liebe, der Absolutheit. Sie sind, wie gesagt, unumstößlich." ...

Ich erschrak, und erschrak immer mehr. Und dachte: Soll ich das alles auf mich nehmen? Und ich konnte es nicht glauben. Ich sprach darüber mit meinem Nächsten, und er sagte: „Nun, was du aussprichst, kommt nicht von dir.

Das kannst du nicht aussprechen. Du hast so etwas nie gehört. Und plötzlich hörst du Dinge, die man nicht fassen kann – und doch ist alles logisch."

Es ging weiter: Immer wieder tiefer erklärte mir das göttliche Wesen, was meine Aufgabe wäre, die ich letzten Endes auch aus dem Reich Gottes mitgebracht habe: Gottes Instrument zu sein.
Im Grunde genommen bin ich ein schüchterner Mensch, bin am liebsten allein. Und ich sagte zaghaft: „Ich kann nicht reden, ich kann nicht sprechen, und schon gar nicht vor Menschen." Und das göttliche Wesen erklärte – aber ich sah das göttliche Wesen nicht, und doch spürte ich, dass es da war und da ist –: „Ich möchte dein Geistiger Lehrer sein, der dich ausbildet, die Sprache der Himmel zu verstehen, um sie in deine Muttersprache umzusetzen."
Von diesem Wesen ging ein Gleichmut, eine Liebe, verbindendes Sein aus, das mich berührte, und ich sagte: „Ja, ich will es tun."

Bald darauf meldete sich der Geistige Lehrer als Bruder Emanuel, und er lehrte mich Tag für Tag, zwei bis drei Jahre lang in der Stille, die Sprache des Reiches Gottes zu verstehen und sie in meine Muttersprache umzusetzen. [2]

Es ist einmalig in der Geschichte der Menschheit, dass ein Gottesprophet nicht nur das Wort Gottes verkündet, sondern uns Menschen auch detailliert daran teilhaben lässt, wie er dafür vorbereitet wurde, wie das Wort hindurchbrach und wie er vom Christus-Gottes-Geist belehrt und geschult wurde. Auch in ihrer „Kurzen Autobiographie", die 2007 entstand, schildert Gabriele in der Rückschau diese Zeit. Ein Auszug dieses faszinierenden Berichtes ist im Folgenden wiedergegeben:

„Ich Bin der Ich Bin!"

Es vergingen ein, zwei Tage, und wieder kam die Botschaft: „Ich bin dein Geistiger Lehrer Bruder Emanuel, und ich werde dich für das große, mächtige ‚Ich Bin der Ich Bin von Ewigkeit zu Ewigkeit' vorbereiten, für das Prophetische Wort, das nie versiegte."
Mein Erschrecken war groß, und ich erzählte das meiner Familie. Mein Mann hob die Schultern und sagte: „Was soll das bedeuten? Ich verstehe es nicht." Und dabei blieb es. Doch es dauerte höchstens weitere zwei Tage. Plötzlich hörte ich eine mächtige Stimme, die sprach: „Ich Bin der Ich Bin von Ewigkeit zu Ewigkeit. Ich, der Ich Bin, werde dich als Meine Prophetin ausbilden lassen für diese

Welt, für alle Völker dieser Erde. Ich habe dir Meinen Diener zur Seite gestellt, ein göttliches Wesen, den Cherub der Göttlichen Weisheit. Er wird dich vorbereiten und dir zeigen, wie du Mein Wort mehr und mehr und immer tiefer aufzunehmen vermagst."

Wieder zuckte ich zusammen, weil ich als geistiger Neuling damit nichts anfangen konnte. Ich war Katholikin und als solche geistig unwissend. Daher konnte ich mir keinen Reim darauf machen. Obwohl diese Botschaft in meinem Herzen, die ein mächtiger Liebestrom begleitete, zunächst wie Balsam war, verstand ich dennoch nicht, was vor sich ging. [3)]

Hier sprach also zum ersten Mal der große Geist der Unendlichkeit zu Gabriele. Das Datum dieses Ereignisses ist bekannt: Es war der 9. Januar 1975, also drei Tage nach dem Durchbruch des Inneren Wortes. An anderer Stelle schildert Gabriele, dass sie zunächst erschrak und den inneren Strom unterbinden wollte. Doch dann kamen die liebevollen Worte:

„Fürchte dich nicht! Ich begleitete dich während deines ganzen irdischen Lebens. Du standest immer unter Meiner Obhut. Denn du bist ausgegangen, um Mein Wort aufzunehmen und es der Welt wiederzugeben."

Und der Herr sprach weiter:

„O Kind der ewigen Liebe, führen möchte ich dich zu dem großen geistigen Ziel. Warum zögerst du? Schreibe die Worte des Lebens, die Ich dir täglich aufs Neue bringe, denn du sollst für Mich tätig sein. So soll es geschehen, jetzt und immerdar. Glaube an die Stimme deines Herzens, und du wirst erfahren, was Ich von dir wünsche. Willst du Täter oder Hörer Meines Wortes sein? Der Segen ist allezeit mit dir."

Gleich darauf vernahm Gabriele in ihrem Inneren sinngemäß die Worte:

„O Kinder der Erde, was ihr braucht, ist die Sonne, das Licht. Das Licht aus Meiner geistigen Sonne, das alles Leben einhüllt, das Kraft und Frieden gibt. O nehmet es auf, dieses Licht, und gebt es an die vielen weiter, die sich nach diesem Lichte sehnen."

Die Ausbildung zur Gottesprophetin

Wer könnte über die ersten Jahre nach dem Durchbruch des Inneren Wortes besser berichten als Gabriele selbst?

Ehe der Gottesgeist durch sie das mächtige Wort des ICH BIN geben konnte, musste sie intensiv vorbereitet werden. Sie durchlief quasi eine „Ausbildung" zur Gottesprophetin – und am Beginn dieser Ausbildung stand, wie wir erfahren werden, die Reinigung ihrer Seele. Begleiten wir sie durch diese Zeit, indem wir der Schrift „Eine kurze Auto-Biographie – Der Prophet – das Instrument Gottes – Gabriele erinnert sich"[4)] ein weiteres Stück folgen:

Einige Tage später meldete sich in meinem Herzen wieder mein Geistiger Lehrer Bruder Emanuel – so stellte er sich für diese Erde, für diese Welt, vor. Langsam und schlicht, mit Worten aus meinem einfachen Wortschatz, erklärte er mir, dass das, was ich bis dahin als Katholikin glaubte, nicht Gottes Wort, nicht Gottes Wille ist. Er erklärte mir, was es heißt, zu beten, erklärte mir, dass das Gebet vom Herzen kommen, ja, dass das Gebet zur Sprache der Seele werden soll und dass ein Mensch, der den Namen „Christus" in den Mund nimmt, auch ein Nachfolger des Jesus von Nazareth sein soll.
Es kamen nur einige wenige Sätze. In der ersten Zeit waren es lediglich kurze aufklärende Lehren, die ich in meinem Herzen empfing. Doch bald wurde das Wort tiefer, und der Geistige Lehrer sprach immer detaillierter. Er erklärte

mir, wie ich in Zukunft zu denken und zu leben hätte, denn, so sagte er: „Der mächtige Geist, der bereits selbst in dich einspricht, möchte dich zu Seiner Prophetin ausbilden. Das Wort, das in dich einströmt, kommt aus dem Himmel. Es ist Gott, der Allmächtige, in Christus, eurem Erlöser. Sein Wort ist Seine Botschaft an alle Menschen. Für die Botschaft aus dem Himmel bist du ausgegangen, um sie im Prophetischen Wort zu geben."

Ich muss sagen: Ich war keine gute Katholikin, so, wie viele andere auch. Ab und zu ging ich in die Kirche, doch mit so manchem, was der Katholizismus lehrte, konnte ich nichts anfangen. Ich hatte andere Vorstellungen für mein Leben: Ich betrieb gerne Sport, ging gern da und dorthin, traf mich mit Bekannten, pflegte die Geselligkeit. Meine Eltern waren katholisch. Also wurde ich katholisch getauft und in der Schule katholisch unterrichtet.

Nun hieß es in mir plötzlich: „Im Geiste der Liebe, im Geiste der Wahrheit, im Reich Gottes, gibt es keine Zeremonien, gibt es keine Riten, gibt es keine Dogmen, gibt es keine Verkleidung des Menschen." – Und ich wusste, dass der ewige Geist, in diesem Fall Bruder Emanuel, der Cherub der Göttlichen Weisheit, mir sagen wollte: Bleibe ein schlichter Mensch! Gib einzig Gott die Ehre.

Das bedeutete: Wer im Geiste Gottes lebt, der verneigt sich vor dem ewigen Geist tief in seinem Inneren, denn der Geist wohnt in jedem Menschen, in der Seele jedes Menschen. Und jeder Mensch ist ein Tempel des heiligen Geistes. – Für mich als Katholikin war das neu, doch diese Botschaft kam immer und immer wieder. Und immer wieder hieß es: „Je mehr du das glaubst, dich in dein Innerstes versenkst und tust, was Gottes Wille ist, strahlt der Prophetische Geist hindurch, das Leben."

Ich dachte: Nun, der Prophetische Geist – aber warum gerade ich? Ich bin doch ein einfacher Mensch. Ich bin nicht redegewandt; warum ausgerechnet ich? – Und immer wieder kam sinngemäß die Stimme: „Du bist ausgegangen, um das Prophetische Wort zu geben. Er, der mächtige Geist, wird es nach einer gewissen Ausbildung, nach einer gewissen geistigen Ausrichtung, auf deine Lippen legen. Und du wirst aussprechen, was Sein Wille ist."

Der Geistige Lehrer, der Cherub der Göttlichen Weisheit, sagte mir: „Ich werde dich vorbereiten, und das ‚Ich Bin der Ich Bin' wird mächtig durch dich reden." Ich erschrak immer wieder aufs neue. Wenn ich die Worte hörte „Ich Bin der Ich Bin von Ewigkeit zu Ewigkeit", sank mein Herz auf einen Tiefpunkt: Ich kleiner, einfacher Mensch, ungeübt im freien Sprechen, zumal vor vielen Menschen, und überhaupt nicht redegewandt, soll in die Öffentlichkeit, als Prophetin? – Das erschien mir unmöglich!

Doch der Prophetische Geist, hier Bruder Emanuel, ließ nicht locker: „Wenn Gott will, dann wird es sein. Er will es! Und deine Seele gehorcht Seinem Willen! Du als Mensch musst ebenfalls gehorchen, auf dass erfüllt wird, was das göttliche Wesen in dir, im Menschen Seele genannt, von oben aus dem Reich Gottes für die Erde mitbekam: das Prophetische Wort für die Völker dieser Erde."

Als Kind in die katholische Kirche hineingetauft, hatte Gabriele im Äußeren das übernommen, was der Glaube vorgab. In ihrem Inneren hielten sie die schon beschriebenen Fragen und Zweifel auf Distanz. Durch die zunehmende Erkenntnis um die göttlichen Gesetzmäßigkeiten konnte der Gottesgeist sie aus der Institution Kirche herausführen, um ganz dem Einen zu dienen, Der in jedem Menschen wohnt und Den sie immer umfassender vernehmen durfte. Gabriele schreibt:

Ich hatte noch immer keine rechte Vorstellung davon, was das alles für mich bedeuten sollte. Die Stimme von Bruder Emanuel war mir zum einen fremd, zum anderen kam sie mir immer näher, denn sie war liebevoll, aber unmittelbar und bestimmt. Er lehrte mich, vom Katholizismus wegzudenken. Immer wieder hörte ich: „Bete aus deinem Herzen, und verneige dich einzig vor Ihm, indem du Seinen Willen tust. Verneige dich nicht vor dem Menschlichen des Menschen. Wer sich vor Gott verneigt, der wird sich auch vor dem Innersten seines Nächsten verneigen, denn in der Seele jedes Menschen und in allem ist der ewige Geist."

Er lehrte mich, dass ein Großteil des Katholizismus Menschenwerk ist und mit Gottes Willen nichts zu tun hat.

Ich lernte nach und nach: Gott ist der Größte, der Allmächtige. Gott ist der All-Eine, das All-Gesetz, die Ewigkeit und Unendlichkeit. Er ist aber auch der Vater aller Seiner Kinder, die Er liebt. Er, der mächtige Geist, erklärte mir, dass es keine Verdammnis gibt und ich keine Sorge haben soll, ewig verdammt zu sein. Das gibt es nicht. Gott, die Liebe, bewahrt alle Seine Kinder; alle werden zu Ihm an Sein Vaterherz zurückkehren. Dafür ging der Sohn Gottes aus, um die Erlösung zu bringen, das Licht, das jeder Seele Leuchte ist auf dem Weg ins Vaterhaus.

In mich zogen Hoffnung, Dankbarkeit und Friede ein. Des öfteren setzte ich mich in eine Ecke und betete das Vaterunser. Plötzlich hörte ich wieder Bruder Emanuel in meinem Herzen. Es war seine Stimme, die in meine Gedanken sprach. Ich bemerkte, dass ich nicht anders denken konnte; er übernahm meine Gedankenwelt. Dazu erläuterte er mir: „Ich bin die Kontrolle über deine Gedanken." So betete ich, und er unterbrach mich immer wieder im Vaterunser und lehrte es mich.

Rechtes Beten, aufgezeigt am Beispiel des Vaterunsers

Als Beispiel möchte ich hier auf das Vaterunser eingehen, das ja viele Christen beten, und darlegen, wie mir das Vaterunser nahegebracht wurde – ein Vaterunser im urchristlichen Sinn.

Kaum sprach ich die Worte: „Vater unser, der Du bist im Himmel, geheiligt ist Dein Name!" – schon hörte ich Bruder Emanuel. Er wies mich an, die Gebetsworte, die Jesus, der Christus, uns Menschen gegeben hatte, noch einmal, und dieses Mal langsam und bewusst, zu sprechen. Als dies geschehen war, fragte mein Geistiger Lehrer sinngemäß: „Was verstehst du unter ‚Vater unser'? – Diese beiden Worte, ‚Vater unser', zeigen an, dass alle Menschen, alle Seelen und alle himmlischen Wesen gemeint sind. Der Vater ist der Vater aller Menschen, aller Wesen; Er ist der Vater der Liebe. Denke daran, dass Er *auch dich liebt und dich zu Seinem Instrument machen wird!"*

Meine Seele wurde weich, und mein Herz jauchzte. Und doch ließ mich eine gewisse Angst nicht los. Mir wurde bange: Ich einfacher, nichtiger Mensch soll eine Prophetin werden? Allzugern zog ich mich in meine altgewohnte Vorstellungswelt zurück: Ach, ich bin doch geborgen in meiner Familie, ich bin doch geborgen zu Hause. Ich will weiter als Mutter und Frau der Familie dienen.

Dennoch – ich betete weiter:

„Unser Reich kommt, Dein Wille geschieht, wie im Himmel, so auch auf Erden." – Wieder meldete sich Bruder Emanuel: „Was ist ‚unser Reich'?" – Er gab sinngemäß die Antwort: „Es ist die ewige Heimat, es ist das Vaterhaus, das alle Seine Kinder bald wieder zurückhaben möchte im Reich des Friedens." Und er erklärte mir: „Wie im Himmel, so soll es auch auf Erden sein." Bruder Emanuel fügte hinzu: „Jetzt verstehst du noch nicht, was die Prophetische Botschaft beinhaltet. Doch du wirst es in Bälde erfahren." Wieder betete ich: „Unser tägliches Brot gibst Du heute und vergibst uns unsere Schuld, und wir vergeben unseren Schuldigern." – Bruder Emanuel holte weit aus und legte mir das Gesetz von Ursache und Wirkung, von Saat und Ernte, dar: „Vergeben heißt, Reue zu entwickeln für

das, was nicht im Willen Gottes ist, und um Vergebung zu bitten. Und so dir Menschen etwas getan haben, das dich verletzte, vergib ihnen. Hast du eine Schuld erkannt, die du wiedergutmachen kannst mit den Werken der Liebe, dann tue es! So befreist du dich von den Sünden und wächst im Geiste der Liebe, auch für das Prophetische Wort."

Ich betete weiter: „Du führst uns in der Versuchung und erlöst uns von dem Bösen." – „Ja, Er erlöst alle Seelen und Menschen von dem Bösen", sprach Bruder Emanuel. „Denn die erlösende Kraft des Christus Gottes ist in der Seele jedes Menschen. Wer bereut, bereinigt und die gleichen Sünden nicht mehr tut, der fühlt sich wahrlich erlöst, befreit von dem Übel, das er sich letztlich selbst auferlegt hat."

Ich begann, das Vaterunser mit ganz anderen Augen zu sehen. Ehrfurcht stieg aus meinem Inneren auf. Ich begriff allmählich, was es heißt, sich vor dem Allmächtigen zu verneigen.

Ich schloss das Vaterunser: „Denn unser ist das Reich und die Kraft und die Herrlichkeit von Ewigkeit zu Ewigkeit". In meinem Herzen spürte ich: Ich bin wohl Mensch, aber etwas ist in mir, das nicht von dieser Welt ist. Ich nenne das, was nicht von dieser Welt ist, „Seele". Doch im Tiefsten ist es ein göttliches Wesen, das dem Ewigen dienen möchte. Und so kam nun aus dem Herzen meines Menschen ein großes JA für das Prophetische Sein. – Meine Seele hatte schon längst das Ja gesprochen. Doch ich, der Mensch, erfasste noch immer nicht, was das Ja des Menschen für das Prophetische Sein bedeutet, und schon gar nicht, was es für mich mit sich bringen würde.

Die Arbeit des Propheten an sich selbst, um „sauber" zu werden

Das Ja des Propheten hat sehr, sehr viele Inhalte. Ich musste lernen, dass ich mein Allzumenschliches, mein ganzes Denken und Wollen, das auf mich, den Menschen, bezogen war, zu erkennen und abzulegen hatte. Ich musste – von der Seele her gesprochen – „sauber" werden; ich musste meinen ganzen Menschen vom Scheitel bis zur Sohle reinigen.

Das heißt also, ich musste das vollziehen, was uns der Geist auch heute immer wieder lehrt. All das, was wir als Sünde bezeichnen oder als Fehlhaltung gegen das Leben, gegen das Gesetz der Liebe und der Freiheit, musste ich erkennen, Schritt für Schritt bereuen, bereinigen und nicht mehr tun. Ich durfte also allzumenschlichen Gedanken nicht mehr freien Lauf lassen.

Allerdings durfte ich rückfragen, meinen Geistigen Lehrer zu Rate ziehen: Ja, wie soll ich denn denken? – Er sagte mir in diesem Fall nicht, wie ich zu denken habe, sondern: „Du hast vor dir die Zehn Gebote und die Bergpredigt Jesu – lies darin. Leite daraus ab, wie du denken sollst."

So begann ich zu denken, wie Gott es will. Und immer dann, wenn ich gegen einen Menschen war, meldete sich die Stimme des Herzens: „Warum bist du gegen ihn? Warum erregst du dich über ihn? Warum bist du ihm gegenüber negativ gestimmt? Was ist dein Anliegen? Was willst du damit bezwecken, wenn du so denkst?"

Bruder Emanuel ließ mir Zeit, selbst zu ergründen, warum ich so denke. Ich kam immer wieder auf meine allzumenschliche Wurzel: Der passte mir nicht. Jener passte mir nicht. Weil er etwas an sich hatte, das mich störte; weil es mir vielleicht gefiel oder nicht gefiel. – Das *musste ich erkennen und dann bereuen und bereinigen. Und ich musste lernen, mich gerade vor dem Innersten dieses Menschen, den ich abwertete, zu verneigen, denn in jedem Menschen wohnt der Geist Gottes.*

Ich verneigte mich also im Inneren vor dem Geist in diesem Menschen. Da fühlte ich, dass ich auf diese Weise meinen Nächsten, den ich zuerst abgelehnt hatte, zu ver-

stehen lernte. Ich vermochte ihm plötzlich ein Wort zu geben, das aus der Tiefe meiner Seele emporstieg. Ich sah in die Augen meines Nächsten – und seine Augen leuchteten. Und ich spürte: Dieses Wort hat seine Seele angenommen, weil es aus der Tiefe meiner Seele kam. – So lernte ich, sauber, gleich rein, zu werden. Das bedeutete dann eine stetige Ausrichtung auf das Innere Licht, auf das Innere Leben.

Es war eine mächtige und außerordentlich vielfältige Vorbereitung zum Propheten. Man darf es sich nicht so einfach vorstellen, wenn es heißt, „Gott brach in das Leben eines Menschen ein, um ihn zu Seinem Instrument zu machen." – Der Prophet, der ja zunächst einmal ein unwissender Mensch mit mannigfaltigen menschlichen Programmen und Denkmustern ist, musste sich – und das in verhältnismäßig sehr kurzer Zeit – reinigen, musste sich läutern, um dieses mächtige Leben zu empfangen, das Einheit ist. Er wurde also von Anfang an vom Gottesgeist überaus straff geführt und geschult. Der Prophet muss alles lernen und vor allem erfüllen – das heißt: selbst tun –, was er an seine Mitmenschen weitergibt.[5]

Gabriele wurde regelrecht vom Herd weggeholt und ohne Kompromisse in die Prophetenschule geführt.

Auch einem Gottespropheten wird nichts in den Schoß gelegt. Ihm ist wie jedem anderen Menschen aufgetragen, seine Seele zu reinigen und den Weg nach Innen zu Gott in sich konsequent zu gehen. Erst dann kann das Wort Gottes rein durch ihn fließen. Doch was ist eigentlich das Prophetische Wort? Dies erläutert Gabriele an anderer Stelle:

Die Sprache des Reiches Gottes

Nicht ohne weiteres kann man das Wort Gottes in sich vernehmen. Machen wir uns alle bewusst: Das Reich Gottes existiert. Es ist das reale Reich, das seine unumstößlichen Gesetze hat, ein Reich des Friedens und der Liebe. Die Wesen, die im Reich Gottes leben, werden Geistwesen genannt, weil sie vom ewigen Schöpfer geschaffen wurden. Sie sind deshalb Geistwesen, weil sie aus Seinem Geiste sind. Wir Menschen haben Auszüge aus dem ewigen kosmischen All-Gesetz. Es sind die Zehn Gebote Gottes durch Mose und die Lehren des Jesus, des Christus, vor allem die der Bergpredigt.

Erst wenn wir Menschen Schritt für Schritt die Auszüge aus dem ewigen Gesetz des Lebens erfüllen, reinigen wir unseren Körper, unsere Zellen und auch unsere Seele.

Das bedeutet, dass wir sensitiver, ja durchlässiger werden für das ewige Gesetz – GOTT. Dadurch kommen wir dem Innersten unserer Seele näher, dem komprimierten Gesetzesstrom, auch „Gottesfunke" genannt. Jesus lehrte uns: „Das Reich Gottes ist inwendig in euch." Somit ist das Reich Gottes als Essenz und Kraft, das All-Gesetz, in jedem von uns Menschen, vor allem im Urgrund der Seele, angelegt.

Jedes Land hat seine Gesetze und seine Landessprache. Das Reich Gottes hat nicht die Sprache der Menschen. Es ist die all-kosmische Sprache des ewig-göttlichen geistigen Gesetzes, das ewige Gültigkeit hat. Es ist die Sprache des Lichtes, des unendlichen, kosmischen Bildes, der feinsten Schwingung. Nur der Mensch kann die Töne des Lebens – des All-Seins, des All-Gesetzes aus dem Reich Gottes – empfangen, der Schritt für Schritt die Auszüge aus dem ewigen Gesetz erfüllt. Es sind, wie schon gesagt, die Gebote Gottes und die Lehren des Jesus, des Christus.

Ich musste die Sprache des Reiches Gottes mit viel Mühe und Entbehrung erlernen. Das heißt, ich musste mich auf die Gebote Gottes ausrichten und auf die Lehren des Jesus, des Christus. Ich musste also meinen Tempel reinigen, von dem gesagt ist, dass jeder Mensch der Tempel des heiligen Geistes ist und Gott, der Ewige, in jedem von uns wohnt. Also musste ich meinen Körper und meine Seele reinigen, damit ich das Licht aus Seinem Lichte empfangen kann, um so der Essenz des Lebens, dem Reich Gottes, das inwendig in uns ist, näher zu kommen. Dann erst beginnen sich unsere Gedanken zu ordnen, unsere Rede zu zügeln; dann erst werden sich auch unsere Sinne verfeinern, so dass das Licht die Inhalte unserer Gedanken erreichen kann und somit auch unsere Worte. Dann setzt sich die Sprache der Himmel in unsere Worte um. Ein Prophet ist also nichts anderes als ein Dolmetscher der Sprache des Reiches Gottes." [6)]

Bleiben wir noch kurz bei diesem Bild des Dolmetschers. Viele Menschen verstehen eine fremde Sprache und können sich auch ein Stück weit darin ausdrücken. Doch nur relativ wenige haben den Beruf oder die Aufgabe des Dolmetschers, der fehlerfrei von einer Sprache in die andere übersetzen kann. Ähnlich ist es auch mit dem Prophetischen Wort. Jeder Mensch, der Gott in sich zustrebt, steht vor der Aufgabe, seine Seele zu reinigen, so wie Gabriele es aus ihrem Leben beschrieben und wie sie es uns vorgelebt hat. Ein Mensch, der diesem Beispiel folgt, wird früher oder später in sich selbst den Willen Gottes, also die „Sprache" Gottes, für sein Leben erfassen und mit seinem Leben zum Ausdruck bringen. Doch die Aufgabe, diese Sprache Gottes unmittelbar an andere Menschen weiterzugeben, obliegt nur wenigen Menschen, die zu diesem geistigen Auftrag berufen sind und dafür bereits in Vorinkarnationen vorbereitet wurden.

Der geistige Lebensbaum im Menschen: die Bewusstseinszentren

Bruder Emanuel ermahnte Gabriele immer wieder, sich nur auf die Kraft Gottes auszurichten und zu beten. Der Mensch solle still werden, damit sich Seele und Gehirnzellen aufeinander einstellen können. Anfangs konnte Gabriele damit nicht viel anfangen, doch im Lauf ihrer Ausbildung zur Gottesprophetin erfuhr sie, dass die göttlich-geistige Welt beim Vorgang des Prophetischen Wortes nicht direkt auf die Gehirnzellen einwirkt, um dort bestimmte Worte abzurufen.

Das göttlich-prophetische Wort wirkt zum einen über die Seele des Menschen, zum anderen über die auf den Geist, Gott, ausgerichteten Gehirnzellen. Die Seele, der unsichtbare „zweite" Körper im Menschen, bildet gleichsam die Brücke zwischen den Zellen und Organen des Körpers einerseits und der Einstrahlung der Geistkraft Gottes andererseits, ohne die kein Leben stattfindet. Die auf Gott ausgerichteten sieben Verbindungskräfte zwischen Seele und Körper sind die sieben sogenannten Bewusstseinszentren, die den Körper wie ein Lebensbaum durchziehen. Je durchlichteter die Seele ist, desto gesünder und kraftvoller ist auch der Mensch. Das Prophetische Wort vollzieht sich, indem der geistige Lichtstrom in den Wesenskern der gereinigten Seele einstrahlt und über die erschlossenen Bewusstseinszentren gleichsam von innen her den gesamten Körper positiv durchströmt.

Schon kurz bevor das Innere Wort durchbrach, hatte Gabriele immer wieder ein ungewohntes Wehen um den Kopf verspürt. Es fühlte sich wie ein Luftzug an, doch es veränderte sich nicht, wenn sie sich vom Fenster entfernte und in eine Ecke des Raumes ging. Sie fragte eine Bekannte, was dies wohl sein könnte – und erhielt zur Antwort: „Das Wehen um die Stirn ist das Wehen des Heiligen Geistes."

Nach dem Durchbruch des Inneren Wortes verstärkte sich dieses Wehen. Einige Monate später begann Gabriele in ihrem Körper das Fließen einer geistigen Kraft zu verspüren, die einem Kreislauf gleicht: von oben nach unten und erneut nach oben. An verschiedenen Punkten wurde es kühl, und die Kühle durchdrang an diesen Punkten den Körper. Gabriele war darüber zunächst besorgt und dachte, sie hätte sich Teile des Körpers verkühlt. Doch Bruder Emanuel erläuterte ihr, dass ihre Seele, der innere Mensch, mehr und mehr erwache und dass sie im Verlauf dieser Entwicklung das Fließen der Ätherkräfte im Körper wahrnehmen könne, ebenso die Schaltstellen dieser Ätherkräfte, die Bewusstseinszentren. Je mehr ein Mensch die Gesetze Gottes im täglichen Leben umsetzt, desto kraftvoller rotiert die Geistkraft in diesen Schaltstellen und strömt von dort aus in die jeweils angeschlossenen Organe und Zellen des physischen Leibes.

Man sieht hier erneut, dass Gabriele tatsächlich über keinerlei esoterisches oder religiöses Wissen verfügte. In östlichen Religionen weiß man einiges über den unsichtbaren Energiekreislauf im Körper des Menschen. Man kennt auch die sieben Bewusstseinszentren, die dort „Chakras" genannt werden. Ausgerechnet im Abendland, das sich „christlich" nennt, ist dieses Grundwissen der Menschheit – ähnlich wie z.B. auch das Wissen um die Möglichkeit wiederholter Erdenleben – weitgehend verloren gegangen. Bruder Emanuel erläuterte Gabriele also die Wirkungsweise des geistigen Kreislaufs im Menschen und erklärte die Anordnung der Bewusstseinszentren nach den Grundkräften des Seins: In der Steißbeinregion befindet sich das Zentrum der Ordnung, in der Kreuzbeinregion das Zentrum des Willens, im Bereich der Lendenwirbel dasjenige der Weisheit. Das Zentrum des Ernstes, das auch Christuszentrum genannt wird, liegt im Bereich des Herzens. Es folgen das Zentrum der Geduld in der Nackenregion, das Zentrum der Liebe im Bereich der Augen sowie das Zentrum der Barmherzigkeit, das in der Nähe der Hirnanhangdrüse liegt. In dessen Nähe befindet sich auch der Sitz der Seele, die über die Bewusstseinszentren mit dem gesamten Körper in Verbindung steht.

Diese Begriffe – Ordnung, Wille, Weisheit, Ernst, Geduld, gleich Güte, Liebe und Barmherzigkeit, gleich Sanftmut – sind gleichzeitig die Bezeichnungen für die sieben Grundkräfte Gottes, die sich in den sieben Himmelsebenen wiederfinden. Der Mensch ist also ein Mikrokosmos im Makrokosmos. Auf dem Weg zurück zu Gott, der im Innersten seiner Seele wohnt, durchläuft und reinigt er Schritt für Schritt die sieben Bewusstseinsbereiche seiner Seele, beginnend mit dem Bereich der Ordnung.

Für Gabriele eröffnete sich Schritt für Schritt ein ganzer Kosmos neuer Erkenntnisse, die sie in den darauffolgenden Jahren in Wort und Schrift an die gesamte Menschheit weitergab, gemäß der Ankündigung des Jesus von Nazareth: „Ich werde euch den Tröster senden, und Er wird euch in die ganze Wahrheit führen." Doch was bedeutete das für den Menschen Gabriele? Lassen wir sie selbst berichten:

Vorbereitung auf das Geschehen, das mich auf dem Prophetenweg erwartete

Bald darauf meldete sich Christus in Gott, unserem Vater, der mächtige Geist. Er erklärte mir das Werk Seiner Erlösung. Er erklärte mir das göttliche Werk für diese Erde. Und Er erklärte mir, was es heißt, Prophetin zu sein. Er erklärte mir, dass ich mich ganz und gar auf den ewigen Geist in mir auszurichten hätte, dass ich alles lassen müsse, was störend auf den Auftrag einwirkt, auf den Auftrag aus den Himmeln. Christus sprach absolut. Er erklärte mir mit Vollmacht und im mächtigen Ich Bin, dass das Prophetische Wort stark und mächtig sein wird und dass Er mich aus der Familie herausführen wird, hin zu den Menschen aller Völker.[7]

Was Gabriele hier mit wenigen Sätzen umschreibt, war über Jahre hinweg mit größten Anstrengungen und Leid verbunden. Sie musste tatsächlich im Verlauf der Jahre alles loslassen, was ihr als Mensch noch lieb und wert gewesen war. Die Mutter war früh gestorben; der Vater folgte bald. Von einem Tag auf den anderen wurde es so gelenkt, dass Gabriele das ihr vertraute Heim zurückließ, ohne zu wissen, wohin. Sie verließ ihr bisheriges Leben mit wenig Geld und Gut – „doch mit einem vollen Herzen für Gott, unseren Vater", wie sie später in der Rückschau sagte. So befolgte sie auf diesem Gang ins Ungewisse das Gebot des Herrn: „Lass alles stehen, und folge Mir nach!" [8]

Auch über Folgendes belehrte sie der Mitregent der Himmel:

Christus verschwieg mir auch nicht, dass ich von den Kirchen angegriffen werden würde. Durch Sein Wort erfuhr ich: Sie werden mich nicht anhören. Sie werden das Prophetische Wort verdammen, wie zu allen Zeiten. Dass es die Propheten sehr schwer hatten, dass auch ich es sehr schwer haben werde. Dass Er ein urchristliches Werk aufbauen wird, so, wie es im urchristlichen Strom ist, wo Menschen zusammenfinden, die Schritt für Schritt das Vaterunser leben, die Bergpredigt erfüllen, die Zehn Ge-

bote Gottes als ihr Leben betrachten. Und es werden wieder Urchristen sein, die zusammen leben, die gemeinsam arbeiten, die später dann urchristliche Betriebe errichten. Sie werden in den Betrieben zwar für ihren Unterhalt arbeiten, doch hauptsächlich für den Aufbau des Reiches Gottes auf Erden. [9)]

Die Priestermänner arbeiten gegen das Reich Gottes.

Auch hier ist wieder in wenigen Sätzen die gesamte Spannweite des Prophetischen Auftrags zusammengefasst. Wer die Geschichte der Kirchen kennt, der weiß, dass dort das Vaterunser zwar häufig heruntergerasselt, in seiner Bedeutung jedoch nicht ernst genommen, ja geradezu mit Füßen getreten wird. Man spricht zwar: „Dein Reich komme, Dein Wille geschehe, wie im Himmel, so auf Erden" – doch die Priestermänner tun seit Jahrtausenden alles, damit genau dies nicht eintreten kann. Die Katholikin Gabriele hatte über diese Dinge noch kaum nachgedacht.

Bruder Emanuel erklärte ihr nun, dass es für Menschen unsichtbare Bereiche zwischen Himmel und Erde gibt, in denen sich die Seelen Verstorbener aufhalten, weil sie aufgrund ihres Bewusstseins noch nicht in die reinen Himmel zurückgelangen können. In erdnahen Zwischenreichen und in den sogenannten Reinigungsebenen herrscht unvorstellbare Not, weil die kirchlichen Obrigkeiten die Menschen nicht zu Gott in ihrem Inneren führen, sondern an äußere Rituale und Zeremonien, an Dogmen und Glaubenssätze binden. Den Boten Gottes, die auch in jenen Sphären unermüdlich unterwegs sind, um aufzuklären, schenken viele dieser Seelen keinen Glauben, weil sie meist über viele Einverleibungen hinweg in Unwissenheit über ihre wahre geistige Herkunft gehalten wurden. Auf der Erde haben die Priestermänner zu allen Zeiten die wahren Gottesboten bekämpft und immer wieder, auf oft grausame Art und Weise, mundtot gemacht, um auch die Seelen im Erdenkleid, die Menschen, von wahrer geistiger Aufklärung fernzuhalten.[10]

Doch Gott lässt sich nicht zum Schweigen bringen! Er geht jeder Seele und jedem Menschen nach – auch den „verirrten schwarzen Schafen", die sich als Theologen und Priestermänner oft über viele Inkarnationen hinweg unvorstellbar belastet haben, weil sie die Menschen wieder und wieder an äußere Machtapparate binden, um auf deren Kosten zu leben.

Je mehr Menschen und Seelen durch die Stimme des Prophetischen Gotteswortes erwachen und Gott in ihrem Inneren zustreben, desto mehr atmet auch die Mutter Erde auf. Dies nicht nur, weil es Menschen, die erfasst haben, dass der Gottesgeist mit Seiner Kraft die gesamte Natur durchstrahlt, ein Anliegen ist, die Natur zu schützen und zu bewahren, sondern weil sie insbesondere auch das Leben in den Tieren achten und sich deshalb vegetarisch ernähren. Die Erde atmet auf, wenn mehr und mehr Menschen ihr Bewusstsein erweitern und ihr inneres Erbe antreten – und dadurch allmählich frei werden vom Rad der Wiedergeburt. Ihre Seelen drängen dann nicht wieder und wieder zu einer weiteren Geburt, um ihr Allzumenschliches in einem neuen Erdenkörper zu erleben.

Dem Menschen Gabriele wurde also die kosmische Dimension ihres göttlichen Auftrags in allen Einzelheiten vor Augen geführt. Weil das Geistwesen in ihr die Entscheidung, diesen Auftrag anzunehmen, längst getroffen hatte, blieb auch ihrem Menschen keine Wahl mehr. Lesen wir, was sie selbst darüber berichtet:

Aufgrund des „Ja" eine Gefangene Gottes. Der Prophet hat keinen freien Willen mehr.

Ich verstand vieles nicht, musste aber dennoch die Worte aussprechen. Es kam der Druck, von oben eine Macht und eine Vollmacht in mein Bewusstsein – ich konnte nicht mehr „nein" sagen, und ich spürte, wie der freie Wille schwand. Ich sah mich plötzlich als eine Gefangene des Allmächtigen. Ja, ich hatte mich einfangen lassen, denn ich hatte, auch als Mensch, das Ja gegeben. Doch immer wieder wehrte ich mich, wenn ich plötzlich spürte: Ich konnte nicht mehr den Sport ausführen, den ich wollte; ich konnte nicht mehr in die Geselligkeit gehen, die allzumenschlich war. Ich spürte in meinem Herzen, ich soll es nicht, und letzten Endes hieß das: ich darf es nicht.

Der Prophet ist berufen von oben, Gottes Willen zu erfüllen. Somit wirkt der Prophetische Geist in die Seele des Menschen ein, in den Propheten, so dass dieser tut, was die Seele bzw. das göttliche Wesen in der Heimat versprochen hat: Dein Wille geschieht; wie im Himmel, so auch auf Erden. – Der Mensch wird ausgeschaltet. Was die Seele möchte, das Geistwesen von oben, das erfüllt sich. Wenn auch der Mensch noch so sehr jammert – die Botschaft von oben, die Botschaft aus den Himmeln, muss *erfüllt werden. Der Wille des Menschen ist damit sekundär; er wird kaum beachtet.*

Der Prophetische Geist ergriff Besitz von mir, dem Menschen, und führte mich zu den Menschen. Er lehrte mich, das Wort immer tiefer aufzunehmen. Und Er sprach schließlich mit Vollmacht durch mich. Ich wusste oft gar nicht, wie mir geschah. Das Ja war Zwang. Er zwang mich, zu tun, was Er will.[11)]

Wir können nur erahnen, was das und vieles Weitere für Gabriele bedeutete. Gabriele fährt fort:

Als der Herr von Seiner Prophetin sprach, konnte ich das Wort nicht annehmen. Ich sträubte mich gegen dieses Wort. Ich hielt mich dieses Wortes für unwürdig, und ich bat den Herrn, mich dieses Wort nicht mehr aussprechen zu lassen; ich konnte es in meinem Inneren noch nicht annehmen. Deshalb sprach der Geist von einem „medialen Menschen", und das, solange ich in kleineren Kreisen sprach. ... Gott ging also auf meine Bitte ein, mich vorerst nicht „Prophetin" zu nennen. ... Als ich jedoch in die breitere Öffentlichkeit musste, das heißt, vor einer größeren Anzahl von Menschen sprechen sollte, kam Bruder Emanuel nicht nur auf mich zu, sondern auch auf ein oder zwei Geschwister, die mit mir lebten, und bat nun, das Wort „Prophetin" auszusprechen, denn ich wäre kein medialer Mensch, der das Wort Gottes erhorchen müsse, sondern ich sei eine Prophetin, durch die Gott unmittelbar hindurchspräche. ... Ich nahm die Bitte an und sprach das Wort „Prophetin" aus.

Und Gabriele stellt in demselben Interview noch einmal klar, sie habe ...

... niemals daran gedacht, die Prophetin des Herrn werden zu wollen. Ich habe einzig Gott von Herzen zu lieben begonnen in dem Augenblick, als ich wusste, dass der Geist Gottes in jedem Menschen wohnt – auch in mir – und dass ich der Tempel dieses Geistes bin. Ich habe viel gebetet, doch ich war nie gewogen, in mich hineinzuhören, um etwas zu erfahren. Als ich die erste Gotteserfahrung hatte, war das ein unsagbares Glücksgefühl, eine noch nie erlebte Wonne, das Aufblitzen einer Kraft, die mich absolut einhüllte und mir zeigte, wer und was diese Kraft ist. Ich habe mich nie zum Prophetenamt gedrängt. Ich wollte nie Prophetin sein. Mein einziger Wunsch war und ist auch heute noch, ein Kind des Vaters zu sein.

Doch gerade weil Gabriele das Prophetenamt nicht anstrebte, fiel es ihr über eine geraume Zeit sehr schwer, dieses Amt bis in alle Einzelheiten hinein anzunehmen. Als ihr beispielsweise Christus etwa ein halbes Jahr nach dem Durchbruch des Inneren Wortes erklärte, wer Bruder Emanuel, der ihr bereits so vertraut war, im Reich Gottes ist, erschrak sie zunächst. Sie hatte ihn als inneren Freund und Ratgeber bereits in ihr Herz geschlossen – und nun erfuhr sie, dass er einer der sieben Cherubim ist, einer der Gesetzesengel vor Gottes Thron, der Cherub der göttlichen Weisheit. Allein durch dieses Wort „Gesetzesengel" wurde ihr so angst und bange, dass sie vorerst keinen weiteren Kontakt zu Bruder Emanuel aufnehmen wollte. Und dies wurde respektiert: Etwa ein halbes Jahr lang wurde Gabriele ausschließlich von Christus belehrt, der ihr unter anderem erklärte, welche Bedeutung Sein Leben als Jesus von Nazareth vor 2000 Jahren hatte und heute immer noch hat. Als Christus Seine Schülerin dann allmählich wieder zu ihrem Geistlehrer zurückführte, kam dieser wieder ebenso freundlich und liebenswürdig von innen auf sie zu wie ehedem.

Wir sehen an diesem Beispiel: Auch wenn die Prophetin des Herrn in ihrer Seele die Grundentscheidung für diesen göttlichen Auftrag längst getroffen hatte, so wurde doch bei jedem einzelnen Schritt in diese Aufgabe hinein dem Menschen entgegengekommen und seine Entwicklung respektiert, ungeachtet dessen, dass dadurch das „Lehrprogramm" gelegentlich etwas umgestellt werden musste.

Später erfuhr sie dann, weshalb ausgerechnet Bruder Emanuel ihr Geistiger Lehrer war: Weil sie und Emanuel im reinen Sein ein Dualpaar bilden. Durch Gabriele wissen wir um die Realität des Reiches Gottes. Der Cherub der göttlichen Weisheit, auf Erden Bruder Emanuel genannt, wirkt in der unmittelbaren Verbindung mit dem weiblichen Gesetzesengel, dem Seraph der göttlichen Weisheit, der in Gabriele inkarniert ist. Gabriele erfuhr, dass es dieses Zusammenwirken eines hohen Geistwesens mit seinem Dual im Erdenkleid bei den großen Gottespropheten, in denen sich Gesetzesengel inkarnierten, schon wiederholte Male gab. So war in Jesaja, dem großen Gottespropheten, der Cherub der göttlichen Weisheit inkarniert – Bruder Emanuel –, aus der göttlich-geistigen Welt begleitet von seinem Dual, dem Seraph der göttlichen Weisheit, heute im Erdenkleid Gabriele. Nähere Einzelheiten zu diesem großen geistigen Geschehen finden sich in dem Buch „Das Wirken des Christus Gottes und der göttlichen Weisheit".

Das Ringen um die Annahme des göttlichen Auftrags

Von der göttlich-geistigen Welt her ist also alles wohl angelegt und für den großen Auftrag vorbereitet. Doch wenn sich ein Wesen der Himmel in einen menschlichen Körper einverleibt, so genießt es auf der Erde als Mensch keine Vorrechte, auch dann nicht, wenn es direkt aus dem Zenit des reinen Seins kommt. Die Erinnerung an unsere geistige Herkunft ist bei allen Menschen zunächst abgedeckt, ebenso wie diejenige an unsere irdischen Vorleben. Dies hat folgenden tieferen Sinn: Wir sollen frei und unbefangen an die neue Lebensaufgabe herangehen können.

Für einen Gottespropheten geht das Ringen des Menschen um die Annahme eines göttlichen Auftrages, den er als Geistwesen längst bejaht hat, meist mit aufreibenden Seelenkämpfen einher – ähnlich wie bei Jesus von Nazareth. So war es auch bei Gabriele. Sie hatte immer wieder mit Zweifeln an ihrem Auftrag aus dem ewigen Sein zu kämpfen. Doch immer wieder richtete Christus, der Geist des Inneren, sie über das Innere Wort auf, indem Er z.B. zu ihr sprach:

„Ich habe dich gerufen. Du wolltest nichts. Ich habe dich so geführt, damit du vollkommen frei und unabhängig

bist von jeder äußeren Religion und von den Menschen. Das, was noch menschlich an dir ist, wirst du durch die Liebe zu Mir und zum Nächsten ablegen. All das wird gesetzmäßig vor sich gehen. Lass dich führen, denn Ich Bin es, der dein Führer ist."

So tröstlich diese Worte auch waren – Gabriele, der Mensch, hatte es sehr schwer, das Außergewöhnliche ihrer Situation zu verkraften. Sie berichtet anlässlich einer TV-Sendung im Jahr 2008:

Doch ich war und bin Mensch und konnte vieles nicht verstehen. Ich spürte einen Druck auf meiner Seele. Und ich merkte als Mensch, ich komme in ein Joch, das ich nicht wollte.
Erst als mir von einem meiner Mitmenschen einige Passagen aus dem Buch „Prophetische Denker. Löschet den Geist nicht aus" von Walter Nigg [12)] *vorgelesen wurden, begann ich das Gewaltige, das mit mir geschah, zu verstehen.*
Der evangelische Theologe Walter Nigg schreibt in seinem Buch Folgendes: „Der Prophet wird von Gott zu seinem Amt bestellt; es gehört eine nicht erklärbare Berufung dazu, ohne die es keine seherische Funktion gibt. Der von Gott zum Propheten erwählte Mensch kann mit

plötzlicher Gewalt von seinem Herde weggeholt oder ahnungslos im Tempel von einer numinosen Vision überfallen werden ... Die Berufung ist ein objektives Ereignis. Gott bricht elementar in das Leben eines Menschen ein und nimmt ihn in seinen Dienst."

So ist es. Heute kann ich sagen: Ich war tatsächlich, und bin es letztlich bis heute noch, eine Gefangene Gottes. Vor 33 [nunmehr 36] Jahren wurde ich, der Mensch, wohl von dem göttlichen Wesen ... gefragt, ob ich den Auftrag annehmen will. Doch ich merkte, ich kann nicht anders, als das Ja zu sagen, das Ja zu halten. Heute weiß ich: Von der Seele her war das schon längst beschlossen.

Walter Nigg schreibt weiter in dem Buch „Prophetische Denker": „Der Berufung wohnt ein erschreckendes Moment inne, das gewöhnlich übersehen wird. Es liegt nicht im freien Willen des Gotteskünders, dem Anruf zu gehorchen oder ihn abzulehnen. Die Auserwählung kommt als höheres Geschick über ihn; es ist ihm verwehrt, sich der Nötigung zu entziehen, denn er wird nicht gefragt, ob es ihm angenehm sei, die Warnung auszusprechen oder nicht.

Die Propheten", so schreibt Walter Nigg, „stehen unter einem Zwang; sie sind Vergewaltigte Gottes und haben den Auftrag auszuführen. Der Ewige bemächtigt sich in

143

der Berufung des Menschen, der dadurch unglücklich gemacht wird. Ein unwiderstehlicher Druck liegt fortan auf dem Seher. Was des Menschen Stolz ist, sein freier Wille, ist ihm genommen, und ebenso wurde ihm eines der tiefsten Vorrechte des Menschen, die freie Wahl, nicht gegeben. Der Allmächtige verfügt einfach über ihn; er ist rettungslos ein Gefangener Gottes, mag dies nun das autonome Bewusstsein des modernen Menschen empören oder nicht, das hat nichts zu bedeuten ...
Das Sich-Wehren aus dem Vorgefühl des bevorstehenden Schrecklichen ist beinahe ein Kriterium für die Echtheit eines göttlichen Auftrages."

Gabriele erläutert weiter aus ihrem Leben:
So war es, und so ist es auch heute. Hierzu kann man nur eines sagen: Der Ewige ist die Macht und die Kraft der Liebe. Der Ewige existiert, und ich bin nur ein Instrument, nur die Dolmetscherin dieses mächtigen, ewigen Landes des Friedens, der Liebe und der Einheit. Ich bin also nur eine Dienerin des Ewigen; mir geschah und geschieht nach S e i n e m Willen.[13]

„Das Sich-Wehren aus dem Vorgefühl des bevorstehenden Schrecklichen ist beinahe ein Kriterium für die Echtheit eines göttlichen Auftrages." Dieser Satz von

Walter Nigg verdient es, zweimal gelesen zu werden. Hier hat ein protestantischer Theologe die übliche spirituelle Beschränktheit seines Standes weit hinter sich gelassen und in geradezu hellsichtiger Weise erfasst, was das Wesen der Prophetie ausmacht. Wer denkt hier nicht unwillkürlich an den Propheten Jonas, der vor dem Ruf Gottes die Flucht ergriff und das nächstbeste Schiff bestieg? Erst als, der Legende nach, ein großer Fisch ihn verschluckte und wieder ausspie, nahm er den Auftrag an. Weniger bekannt sind die kaum weniger dramatischen Berufungserlebnisse anderer Gottespropheten. Jeremia etwa wurde schon als junger Mensch von Gott angerührt und wehrte sich mit dem Einwand, er sei noch zu jung und könne nicht reden. Kaum ein Gottesprophet, der nicht auf seine Weise mit Gott, dem All-Geist – der uns erst durch Jesus von Nazareth als liebender Schöpfergott, den wir Vater nennen dürfen, nahegebracht wurde – gerungen, verhandelt, ja gehadert hätte, um die ungewollte Aufgabe wieder loswerden zu können! Doch vergebens.

Weshalb sollte es bei Gabriele anders sein? Auch sie sträubte sich lange dagegen, Prophetin zu sein. Dieses Aufbegehren kostete sie immer viel Kraft. Sie wollte zwar dem Herrn dienen, doch nicht als Prophetin in der Öffentlichkeit. Dies war, so schilderte sie es später, die Hauptursache für das erneute Auftreten einer schweren Krankheit. Noch etwas anderes kam hinzu: Sie machte, insbesondere in den ersten Jahren ihres Wirkens, die Probleme ihrer Geschwister häufig zu den ihren. Sie spürte genau, dass viele der Brüder und Schwestern, die zum Werk des Herrn stießen, zwar dem Herrn dienen, nicht jedoch ihr allzumenschliches Ego aufgeben wollten. Viele hielten hartnäckig daran fest, ja sonnten sich geradezu darin. Für Gabriele war es unbegreiflich, dass viele ihrer Mitmenschen ihre Probleme trotz intensiver Aufklärung nicht angehen wollten, dass sie statt dessen immer wieder darüber sprachen und sie dadurch noch verstärkten, denn wir wissen: Alles ist Energie. Gabriele machte sich die zahlreichen Probleme ihrer Geschwister so sehr zu eigen, dass sie schlecht schlief und ihre Nerven immer mehr belastet wurden. Auch dies trug zum Ausbruch der Krankheit mit bei.

Normalerweise sind Menschen, die akut von einer schweren Krankheit heimgesucht werden, kaum in der Lage, ihr bisheriges berufliches Arbeitspensum einfach weiterzuführen; sie werden körperlich und auch seelisch davon voll in Beschlag genommen. Bei Gabriele war das anders. Sie absolvierte auch während der akuten Krankheitsphasen ein volles Veranstaltungsprogramm, ging sogar auf kräftezehrende Reisen, um im In- und Ausland göttliche Offenbarungen vor zahlreichen suchenden Menschen zu geben. Wie war das möglich? Sie erläuterte später, dass sie ja keine neue seelische Krankheitsursache gesetzt hatte, denn die Ursachen aus dem früheren Leben waren bereits getilgt worden. So war es Gott möglich, sie mit Seiner Kraft für ihre Aufgabe als Gottesprophetin voll zu durchstrahlen und ihr die Kraft für zur Bewältigung der Beschwernisse zu geben. Der Christus-Gottes-Geist schonte sie jedoch nicht – denn sie war schließlich an den Auftrag gebunden, zu dem sie ja gesagt hatte. Während sie nun, kraftvoll wie eh und je, in großen öffentlichen Offenbarungen Gottes Wort gab, waren Schmerzen und körperliche Schwäche wie weggeblasen.

Nach solchen anstrengenden Reisen belastete die Krankheit Gabriele sehr. Anfangs hatte sie ihren körperlichen Zustand zu verheimlichen versucht. Doch Emanuel weihte einen Bruder ein und bat ihn, den Körper nach den Gesetzen Gottes mit Naturheilmitteln zu unterstützen.

Erst als Gabriele erkannte, dass sie an ihren Auftrag gebunden ist und das Prophetenamt nicht einfach niederlegen konnte, und als sie annahm, was sie sich als Geistwesen selbst auferlegt hatte, ging die Krankheit zurück. Diese konnte umgewandelt werden – auch weil Gabriele die Probleme ihrer Mitmenschen nicht mehr zu ihren eigenen machte. Sie hatte erkannt, dass es gut ist, zu helfen – jedoch immer nur so weit, wie der oder die Betreffende es auch annehmen möchte. Seine Schwierigkeiten und Probleme muss letztlich jeder selber meistern durch die Kraft des Christus in ihm.

In ständiger innerer Verbindung mit Gott

Die Triebfeder, die Gabriele all diese Kämpfe siegreich überstehen ließ, war ihre unerschütterliche Liebe zu Gott, aus der auch die Liebe zu allen Menschen und Wesen erwächst. In ihrer Leidenszeit war Gabriele Gott, der mit Seiner allmächtigen Kraft in jedem von uns lebt, so nahe gekommen, dass sie nach und nach die Naturheilmittel absetzen konnte, um sich immer mehr einzig dieser unendlichen Kraft, dem heilenden Strom des Vaters, hinzugeben. Der Körper heilte – und die göttlichen Offenbarungen wurden noch mächtiger, umfassender und tiefer.

Lassen wir Gabriele am Ende dieses Kapitels wieder selbst berichten:

So mancher ist der Meinung, die Sprache des Allmächtigen müsste im Zustand von Trance kommen. – Wieso denn, wenn Gott in mir ist? Wieso muss ich in Trance fallen, in irgendeinen nebulösen Zustand? Das Wachsein des Menschen ist die Voraussetzung für das Wort des Lebens. Das Einzige, was ich tun musste und nicht lassen durfte, ist, die ständige Verbindung mit Ihm, dem großen Geist in mir, halten. Das musste ich lernen. Und das war oftmals sehr, sehr schwer, besonders dann, wenn deutlich wurde, dass ich nicht mehr in die Familie zurückkonnte. Warum nicht in die Familie? Warum nicht mehr in die Verwandtschaft? – Der eine bejahte, was ich tat; der andere konnte es nicht verstehen; der nächste lenkte mich mit allen möglichen Situationen und Gedanken und Wünschen ab, die ich erfüllen sollte. Und ich konnte es nicht; ich wäre Gott aus dem Ruder gelaufen. Infolgedessen holte Er mich heraus aus der Familie, heraus aus der Gesellschaft, in der ich war, heraus aus der Verwandtschaft, und stellte mich mitten in diese Welt als einfache, schlichte Frau, der es oftmals schwerfiel, mit Menschen zu reden. Ich war und bin schüchtern, sehr zurückhaltend, doch sehr wachsam, wenn es um die Gerechtigkeit, um die Wahrheit geht.

Eines war für mich sonderbar: Sprach ich mit Menschen, so versprach ich mich oft oder wusste nicht, was ich sagen sollte. Setzte der Allmächtige ein, dann waren alle Hemmnisse wie weggewischt. Er legte Sein Wort auf meine Lippen, und ich musste aussprechen, was Sein Wille war und ist. Ich sah und hörte zugleich, was Gottes Wille war, und das bis zum heutigen Tag.

Der Prophet hat keinen freien Willen mehr. Gottes Wille – Sein Gesetz, Sein Plan – ist maßgebend. Das zu akzeptieren, war oft sehr, sehr schwer für mich, besonders dann, wenn ich von den Kirchen angegriffen wurde, von den Sektenbeauftragten, die über Radio und Fernsehen das Urchristentum niedermachen wollten.

Die göttliche Botschaft der Einheit

Gabriele erklärt weiter:

Trotz all dieser inneren und äußeren Anforderungen begann der Geist zu lehren, zu lehren, zu lehren. Er lehrte zuerst einmal die Botschaft der Einheit, die Botschaft der Liebe. Er lehrte Menschen, die zu Ihm kamen, was es bedeutet, in der Einheit zu leben. Er lehrte uns Menschen, was Friede bedeutet. Er lehrte uns die Feindesliebe. Er lehrte uns die Gottes- und Nächstenliebe. Er lehrte uns, wie wir uns gegenüber Tieren und gegenüber der Mutter Erde zu verhalten hatten. Er lehrte uns, wie wir Vegetarier werden können. Er lehrte uns, dass die Schöpfung all-gegenwärtiges Leben ist, weil Er, Gott, in allem ist.

Gott ist in allem gegenwärtig. Er ist der Schöpfergott, das mächtige Licht, der Christus Gottes, der in allem ist, in der Natur, in den Pflanzen, in den Tieren, in den Minera-lien. Dieser mächtige Geist lehrte mich, wachsam über die Erde zu gehen, denn in allem ist das Licht, die All-Kraft, Gott. Und Er lehrte mich, dass Er, der Schöpfer, der mächtige Geist, das Leben in den Tieren, in den Pflanzen und in den Steinen ist.

„Leben ist Offenbarung", so sprach Er zu mir. „Wenn du für das Leben bist, dann bist du auch in der Einheit und in der Liebe verbunden mit dem Innersten in deinem Nächsten und ebenfalls mit der Liebe in den Tieren, in den Pflanzen und in den Mineralien." Er lehrte mich die feine Lichtsprache der Tiere, der Pflanzen und der Steine. Und ich wurde sauber in mir: Ich achtete die Tiere. Ich begann die Tiere zu lieben, so wie Gott, der große Geist, der Schöpfer des Lebens, es mir nahebrachte. Ich verstand die Mutter Erde, die bei jedem Schritt aufatmet, den wir in dem Bewusstsein tun, dass unter unseren Füßen der

Geist ist, das Leben. Er lehrte mich, keinen Stein mutwillig von mir zu stoßen, sondern das Leben zu achten.

So machte mir der ewige Geist bewusst, was es heißt, vegetarisch zu leben. Denn: In allem ist das Leben. Das Tier empfängt von der Erde, der Mensch empfängt von der Erde; also sollten wir die Nahrung zu uns nehmen, die die Erde uns schenkt.

Ich begehrte zuerst auf und wandte ein: „Tiere verzehren doch auch Tiere!" – Die Stimme des Geistigen Lehrers klärte mich auf: „So ist es, weil der Mensch es so hält. Menschen verzehren Tiere. Daher verzehren manche Tiere ebenfalls Tiere. Warum? – Weil das Töten die Atmosphäre durchzieht und das Verhalten der Tiere eine gewisse Missbildung, eine Ausgeburt von Gedanken des Menschen ist. Kehrt der Mensch zurück zum Vegetarismus, ernährt er sich von dem, was ihm die Mutter Erde schenkt, dann werden es mit der Zeit auch die Tiere tun."

Das Symbol der Auferstehung des Lebens: das Kreuz ohne Korpus

Immer dann, wenn der Gottesgeist sehr ernst die Übelstände und die Gesetzwidrigkeiten im Bereich der Kirche im Licht der Wahrheit beleuchtete, wurde es mir sehr schwer, das Wort Gottes auszusprechen. Dann war auch mein Herz schwer. Denn wenn Gott z.B. gegen das Prunkwerk der katholischen Kirche sprach, gegen den übermäßigen Reichtum, gegen all diese Machenschaften, konnte ich vieles nicht verstehen; es war damals für mich unfassbar. – Heute ist das anders. Heute zeigen die katholische und lutherische Kirche selbst auf, wer sie wirklich sind. Damals hingegen musste ich etwas aussprechen, das ich nicht verstand. Ich musste es tun; es lag ja der Zwang der Prophetie auf mir.

Erst später erlebte ich mehr und mehr, dass die katholische und lutherische Kirche, ja, letztlich alles, was sich nach außen kehrt – mag die Kirche heißen, wie sie will –, nicht Gottes Wille ist. Denn Gott wohnt nicht in Kirchen aus Stein. Gott will nicht das äußere Schaugepränge. Gott will nicht den Zauber, den man um Ihn macht. Gott möchte aber auch nicht die sogenannten Kruzifixe, denn der ewige Vater hat Seinen Sohn auferstehen lassen! Christus hat die Erlösung gebracht. Das Symbol der Auferstehung des Lebens ist das Kreuz ohne Korpus. Wer das Symbol mit Korpus trägt, der will damit die „Niederlage" des Herrn demonstrieren und will sich selbst erhöhen.

„Ich als Mensch habe das Prophetische Wort nicht gewollt ..."
Der Prophet gibt Gott die Ehre, nicht sich selbst.

Nach mehr als 36 Jahren kann ich sagen: Bis zum heutigen Tag hat sich alles erfüllt, was mir der Ewige gleich zu Beginn des Prophetischen Wortes nahegebracht hat. Sein Werk, das ich mit Seiner Kraft, mit Seiner Liebe, mit Seiner Weisheit und Größe errichten durfte, ist gewachsen und weltweit bekannt. Er sagte und erklärte mir immer wieder: Menschen kommen, Menschen gehen; Menschen verwerfen das Wort, Menschen nehmen das Wort an – und es wird Urchristen geben, die Ihn als den Prophetischen Geist anerkennen und sich um den Prophetischen Geist scharen.

Wohlgemerkt: Sie scharen sich nicht um mich als Prophetin Gottes, sondern sie scharen sich um den Prophetischen Geist, um den Christus Gottes! Denn ich selbst war und bin eine schlichte Frau, die Ihm die Ehre gibt und nicht sich selbst.

Ich als Mensch habe das Prophetische Wort nicht gewollt, doch meine Seele trug es in sich. Ich als Mensch wollte in der Familie leben, einfach und schlicht. Ich als Mensch wollte meinen Sport betreiben, meine Geselligkeit leben, in der Verwandtschaft aufgehen. Ich als Mensch wollte nichts anderes als zurückgezogen in Frieden leben. Gerade das Gegenteil war mir jedoch vorausbestimmt und beschieden, denn der Auftrag des Prophetischen Wortes, das Amt eines Propheten, kommt nun mal von oben.

Das Prophetische besteht nicht darin, dass da ein Mensch ist, durch den plötzlich Gott spricht, sondern der Prophetische Geist, Gott, der Allmächtige, in Christus, Seinem Sohn, unserem Erlöser, wird zuerst den Propheten in die Schule nehmen, dass er alles lernt – und vor allem tut! –, was er andere lehrt. Der Prophetische Geist spricht also nicht so ohne weiteres durch den Propheten – der Prophet hat zuerst zu tun, was Gott will. Was er aus dem Gesetz des Lebens an die Mitmenschen weitergibt – das muss der Prophet vorher selbst gelernt haben. Dann wird er sauber und ist ständig mit dem Prophetischen Strom, der der urchristliche Strom ist, verbunden.

In den mehr als 36 Jahren flossen Tausende von Offenbarungen, und der Geist gab detailliert die Gesetzmäßigkeiten des Lebens, gab den Inneren Weg. Er lehrte, wie der Mensch sich verhalten soll, um dem Christus Gottes in seinem Inneren näherzukommen. Er lehrte, wie Christus ihn an die Hand nehmen kann, um ihn zum Vater zu führen. Viele Jahre lang lehrte Er dieses mächtige Geschehen: „Christus in dir – Christus mit dir – und Christus mit dir zum Vater."

Wer seine Seele reinigt, wird dadurch nicht Prophet.

Oft werde ich gefragt: Wird denn jeder Mensch Prophet, der die Reinigung seiner Seele vornimmt? – So ist es nicht. Der Prophetische Auftrag ist ein sogenanntes Amt, das von oben gegeben ist. Die Seele hat diesen Auftrag, dieses Prophetische Amt, aus den Himmeln mit auf die Erde genommen. – Es wird also nicht jeder Gott Zustrebende Prophet.

Doch ein Mensch, der sich reinigt, gewinnt nach und nach eine höhere Lebensqualität: Er spürt den ewigen Geist. Er spürt in sich das Leben. Er gewinnt Gotteserfahrung: Ihm wird plötzlich von innen her bewusst, was er in einer Situation zu tun hat. Und wenn er nun das Erkannte an den Geboten Gottes misst, dann weiß er: es war Gottes Hinweis für ihn.

Wer auf dem Inneren Weg, dem Weg zum Kosmischen Bewusstsein, etliche Schritte getan und zum Inneren Leben gefunden hat, erlebt Gott in vielen Situationen des Alltags. Er spürt die Führung Gottes. Er kann aus dem Herzen beten. Das Gebet ist kein Zwang mehr, sondern eine lebendige Kommunikation mit Christus, eine Erfüllung des Lebens. Er verneigt sich vor dem großen Geist und ist im Herzen glücklich, Ihm so nahe zu sein.

Gotteserlebnisse gibt es dann in der Natur: Du spürst plötzlich, dass eine Pflanze sich vor deinem Innersten neigt. Und ein mächtiger Baum, der vom Wind geschüttelt wird, raunt dir zu: „Sieh, wie gefestigt ich in der Mutter Erde bin! – Das sei auch du, gefestigt im Schöpfer!" – Solche feinen Impulse kommen dann aus der Seele. Es ist die Liebe Gottes, Der sich dem zeigt und dem immer wieder Impulse gibt, der Seinen Willen tut.

Der göttliche Strom ist in jedem Menschen, aber beim Propheten ist es Berufung, die von oben kommt. Die Berufung von oben ist ein geistiger Lichtkanal, der sich in der Seele und im Menschen für den ewigen Geist öffnet, der ihn fortan unermüdlich in Anspruch nimmt. Dazu bedarf es keines Trancezustandes oder sonstiger Vorkehrungen. Nein! Er spricht Sein Wort in dem Augenblick, in dem ich bitte: Herr, Dein Wille geschieht. – Und Sein Wille geschieht!

Inzwischen ist es für mich fast eine Selbstverständlichkeit, dass sich der Mensch nicht mehr aufbäumt, dass der Mensch tut, was Gott will, und so kann ich jeden Augenblick Gottes Wort empfangen. Es bedarf keiner Zeremonie, es bedarf keines besonderen Sich-Hingebens, sondern des Eins-Seins mit Ihm. Das musste ich lernen, oftmals unter schwersten Bedingungen: eins zu werden mit Ihm, dem Gesetz des Universums, dem Ur-Strom der Unend-

lichkeit, dem Ewigen, der in allem das Leben ist. So kann man sagen: Meine Seele ist eins geworden mit dem Ewigen, und der Mensch tut, was Gott will. [14)]

Kapitel 3

Ein weltweites Werk entsteht.

Erinnern wir uns noch, wie alles begann? Zwei Menschen sitzen in einem Wohnzimmer, und sie hören ganz erstaunt die Worte: „Was der Ewige und Sein Sohn, Christus, wünschen, ist, dass sich durch dich ein weltweites Werk aufbaut." Und wir denken an die verwunderte Frage von Gabriele: „Wie soll das geschehen?"

Heute, mehr als 36 Jahre später, wissen wir, dass es genau so eingetreten ist. Doch das macht es nicht weniger erstaunlich, im Gegenteil: Nach menschlichem Ermessen war damals die Wahrscheinlichkeit, dass dies geschehen würde, gleich Null. Und doch sind heute, wenige Jahrzehnte später, die göttlichen Botschaften aus dem All, die durch Gabriele kamen und kommen, bis in die hintersten Winkel der Erde verbreitet. (Siehe auch: „Das Wirken des Christus und der göttlichen Weisheit".)

Wir haben Gabriele durch ihre Kindheit und Jugend begleitet, haben von ihrem weiteren Lebensweg mitsamt seinen Einschnitten und Schicksalsschlägen erfahren bis zur Lebensmitte, als ihr Leben, wie sie selbst schreibt,

„eine totale Wende genommen hat".[1] Wir haben einiges erfahren dürfen über die intensive Zeit ihrer Ausbildung zur Gottesprophetin, über innere Kämpfe und Zerreißproben, die sie zu bestehen hatte und die sie letztlich in ihrer Entscheidung bestärkt haben, sich dem Willen Gottes bedingungslos hinzugeben und Ihm als Seine Wortträgerin auf Erden zu dienen.

Doch das anfängliche Sträuben des Menschen Gabriele gegen diese Aufgabe, zu der die Seele längst ja gesagt hatte, kam wohl nicht von ungefähr. Sie spürte, dass das Leben einer Prophetin im Dienste des Allerhöchsten alles andere als beschaulich sein würde – im Gegenteil: Das Leben eines Menschen, der so viel Licht und Klarheit, die Wahrheit der Himmel, auf diese Erde bringt, würde gefüllt sein bis zum Rand mit Leid und Entbehrungen, mit endlosen Anfeindungen, Kämpfen und auch mit Enttäuschungen – jedoch nicht über Gott, Der sie durch diese ganze Zeit hindurchgetragen hat, sondern über ihre Mitmenschen, die sich zu der absoluten Hingabe an Gott, unseren Vater, die Gabriele uns bis heute vorlebt, nicht durchringen konnten.

„Was der Ewige und Sein Sohn, Christus, wünschen, ist, dass sich durch dich ein weltweites Werk aufbaut." Schon wenige Tage nach dem Durchbruch des Inneren Wortes wurde Gabriele ihr weiterer Werdegang für ihren

Auftrag vorgegeben. Die göttlichen Vorgaben wurden von Gabriele in die Tat umgesetzt – doch jeder einzelne kleinere oder größere Schritt dorthin wollte errungen, erkämpft und durchlitten werden. Denn wo das Licht immer heller erstrahlt, dort ruft es unweigerlich auch die Schatten auf den Plan – die Schattenwesen mit den finsteren Gedanken, die Meister der heimtückischen Ränkespiele, deren Sinnen und Trachten einzig danach steht, die helle Fackel des göttlich-prophetischen Wortes voller ohnmächtiger Wut in den Schmutz zu werfen und auszutreten.

Wenn dies auch nicht gelang, so wurde doch vieles von dem vereitelt, was über das Erreichte hinaus noch möglich gewesen wäre. Denn die Finsternis schläft nicht, und sie greift das Licht nicht nur von außen an – über die Priestermänner sowie über Journalisten und Politiker in deren Gefolge. Die Finsternis sät Zweifel, Zwiespalt und Ablehnung auch in jene Menschen, die in ihrer Seele von der Botschaft der Himmel erfasst wurden, doch früher oder später wieder in alte Gewohnheiten zurückfielen. Gott ist gerecht – und Er lässt es zu, dass die dunklen Kräfte sich nach einer geraumen Zeit des besonderen geistigen Schutzes, der Karenzzeit, immer wieder an den zarten Pflänzchen der Hingabe an Gott messen dürfen, die in der Seele des Menschen aufkeimen und dem Licht zustreben.

Aus der Abgeschiedenheit in die Gemeinschaft

Gabriele war inzwischen, in wenigen Jahren nach dem Durchbruch des Inneren Wortes, ein anderer Mensch geworden. Doch außer ihren unmittelbaren Familienangehörigen hatte dies noch kaum jemand bemerkt. Bereits in der Zeit vor ihrer Berufung zur Gottesprophetin hatte sie ein eher zurückgezogenes Leben geführt, ohne dass sie dies direkt angestrebt hätte. Sie erhielt einfach immer weniger Besuch. So fand sie während der Ausbildung zur Prophetin immer wieder Zeit, sich nach innen zu wenden und der Stimme zu lauschen, die sie in allen Dingen des Lebens unterwies. Ihre Seele reifte immer weiter.

Erst als sie aus einer gewissen Abgeschiedenheit wieder herausgeführt wurde und wieder mehr in Kontakt mit ihren Mitmenschen kam, wurde ihr deutlich, welche Wandlungen sich während der Zeit der Zurückgezogenheit in ihrem Bewusstsein vollzogen hatten. Gabriele schildert dies so:

Die Schulung durch den Geist hatte meine Seelensinne, mein Erfassen und Begreifen auf die göttlichen Gesetzmäßigkeiten ausgerichtet, so dass ich nicht mehr anders konnte, als meine Umwelt und das gesamte Geschehen in mir und um mich, kurz: das Leben, von dem Blickwinkel des göttlichen Lebens aus zu betrachten und wahrzunehmen.

Man könnte auch sagen: Während sich Gabriele, für so manchen unmerklich, aber tiefgreifend verändert und sich nach innen ausgerichtet hatte, waren die Menschen, die Welt und das äußere Leben gleich geblieben; alles ging weiter seinen weltlichen Gang.

Dem neuen Wesen, dem neuen Bewusstsein in mir, erschien das Leben des Weltmenschen, mit dem ich vor etlichen Monaten noch selbst verwoben gewesen war, nun fremd und sogar unverständlich. Aus der in mir gewachsenen Einsicht in die geistigen Zusammenhänge heraus konnte ich nun nicht mehr verstehen, dass meine Mitmenschen klagten, jammerten, dass sie Gott anklagten.

Kurz gesagt: Gabriele verstand die Menschen in ihrem weltbezogenen Verhalten nicht mehr. Sie musste feststellen, dass die menschliche Welt um sie herum ihr teilweise fremd geworden war. Gabriele stand immer wieder fassungslos davor, wenn sie sehen musste, wie so manche ihrer Mitmenschen unmittelbar nach einer göttlichen Offenbarung, deren Zeugen sie wurden, sofort wieder zur Tagesordnung übergingen und von ihren Alltagsproblemen sprachen.

Gabriele lernte, sich innerlich ganz auf dieses Geschehen einer göttlichen Offenbarung vorzubereiten und einzustimmen – denn um das Wort des Christus-Gottes-Geistes aufzunehmen, ist eine entsprechende Seelenschwingung und außerordentliche Konzentration erforderlich.

Nachdem die Seele Gabrieles gereift war, wurde sie zu ihren Mitmenschen geführt, um als Gottesprophetin und Lehrprophetin das weiterzugeben, was sie in sich erfahren und durchlebt hatte.

Es beginnt im Kleinen.

„Wie soll das geschehen?" Ungläubig hatte Gabriele diese Frage gestellt, als Bruder Emanuel ihr ankündigte, dass durch sie ein weltweites Werk entstehen sollte. Doch rasch wich der Zweifel dem Vertrauen in die

unendlich weise Führung Gottes. Der Aufbau eines weltweiten Werkes vollzog sich von nun an Schritt für Schritt,
organisch wachsend und doch zügig voranschreitend
– so, wie sich aus einem kleinen Sämling mit zunächst
nur einem einzigen Blatt im Laufe der Jahre unaufhaltsam ein mächtiger Baum entwickelt.

Die göttlich-geistige Welt hatte von langer Hand vieles
vorbereitet, was erst nach und nach in der Materie
sichtbar wurde. Viele Menschen tragen in ihrer Seele
einen göttlichen Auftrag, zu dem sie einst ja gesagt
haben: den Auftrag, das weltweite Erlösungswerk des
Christus Gottes mit aufzubauen. Zur rechten Zeit wird
der Mensch über seine Seele angesprochen durch
äußere Ereignisse oder Hinweise, die in ihm eine Ahnung
erwecken; und diese wiederum wird mehr und mehr
zur Gewissheit: Hier liegt meine Aufgabe – und letztlich
der Sinn meines Erdenlebens! Nicht jeder der im Inneren
Angesprochenen begreift beizeiten die Notwendigkeit,
sich auf rechte Weise für die neue Aufgabe freizuma-
chen. Und beileibe nicht jeder, der den Schritt in die
Gemeinschaft der im göttlichen Auftrag Stehenden tut,
erfasst wahrlich, worum es geht – auch nicht, welch
eine Chance dieses Erdenleben bietet, um den göttlichen Auftrag zu erfüllen, an der Seite der großen Prophetin Gottes für unsere Zeit. Doch ein göttlicher Auf-

trag *muss* erfüllt werden – wenn nicht in diesem Erdenleben, dann in weiteren Einverleibungen oder in den Stätten der Reinigung.

Zunächst kamen Menschen auf Gabriele zu, die sich in einer Nachbarstadt in einem kleinen Gebetskreis trafen. Dort begann Gabriele, das Innere Wort Gottes vor einem anfangs kleinen Kreis von Zuhörern aufzunehmen. Dies war für sie eine ganz neue Situation – in erwartungsvolle Gesichter zu blicken, auch wenn es nur wenige waren. Sie war nervös und dachte unwillkürlich, sie werde sicher kein Wort hervorbringen können. Doch es kam anders, denn sie durfte die Einhüllung des Christus-Gottes-Geistes in und um sich verspüren, der ihr in jeder Situation Stütze ist. So lernte sie nach und nach, die unterschiedlichen Schwingungen und Erwartungen der Zuhörer zu verarbeiten. Und das Vertrauen wuchs, dass der Gottesgeist sie nie verlassen würde.

Der Schritt in die Öffentlichkeit

Das Wachstum eines göttlich-geistigen Werkes verläuft nicht explosiv oder sensationell, sondern so wie in der Natur: gerade zu Beginn eher unscheinbar, aber stetig.

Fast zwei Jahre lang übte sich Gabriele darin, immer wieder in einem kleinen Kreis von Menschen das Prophetische Wort Gottes auszusprechen. Ihre innere Sicherheit wuchs. Und dann erfolgte der nächste Schritt. Zu Weihnachten 1976 fragte Christus durch Gabriele einen kleinen Kreis von Getreuen:

„Seid ihr nun bereit und habt ihr den Mut, mit Meinem Wort hinauszugehen, in Wort und Schrift, um der Menschheit zu dienen?"

Sie waren bereit. Man schrieb den 21. Januar 1977, ein Freitag-Abend, als in Nürnberg, im Nebensaal eines vegetarischen Restaurants, zum ersten Mal eine öffentliche Veranstaltung des *Heimholungswerkes Jesu Christi* stattfand. Dieser Name war Gabriele zuvor offenbart worden – und er steht seitdem für das kosmische Rückführungswerk, auf dessen Grundlage sich später das *Universelle Leben* aufbauen sollte: Alle Seelen, alle Menschen werden dereinst wieder in das reine Sein zurückkehren, nach dem sie sich im Urgrund ihrer Seele unendlich sehnen – in ihre urewige Heimat.

Vor etwa vierzig Besuchern offenbarte sich Christus durch Gabriele – und Er sprach ohne Umschweife:

„O tragt Freude im Herzen, denn Der, der Gott ist, hat Mich ausgesandt, um euch heimzuführen – Gott, unser

ewiger Vater, dem wir dienen und der uns durch Seine Liebe nährt.“

Diese allererste öffentliche Offenbarung des Christus-Gottes-Geistes schlägt bereits wie ein voller Akkord die Saiten an, die das Grundmotiv des Heimholungswerkes sind – und gleichzeitig auch der Grundakkord im entbehrungsreichen Leben Gabrieles:

„Wahrlich, Ich sage euch: Mein Herz ist voller Liebe, Mein Herz ist voller Sehnsucht, euch alle an dieses große Urherz zu führen, das nur für euch schlägt. Ihr sucht – ihr sucht im Äußeren: Wo ist die Dreifaltigkeit? Wo ist der Vater der ewigen Liebe? Wo ist der Sohn, der uns zurückführt? Ich sage euch: Ich Bin euch so nahe, denn der Vater und Ich, Wir sind eins.“

Das Königreich des Lebens ist in uns – und wir sollten keine Irrwege mehr gehen, sondern den kürzesten Weg ins Vaterhaus nehmen: den Weg nach Innen. In uns ist Christus, der immer wieder an unsere Herzenspforte pocht, der uns ermahnt, aufzuwachen und den Heimweg anzutreten. Die Zeit ist ernst – schon im Jahr 1977 mahnte der Christus Gottes:

„Der blaue Planet, ein Abbild der Himmel, wird von den Kindern [gemeint sind die Menschen] *zu Tode gebracht.“*

Die Umweltbewegung steckte damals noch in den Kinderschuhen; die „Grenzen des Wachstums" waren allenfalls ein etwas ausgefallenes Diskussionsthema für Akademiker. Doch hier wird bereits Klartext geredet: Es geht nicht nur um die Menschen allein. Es geht um Gedeih und Verderb der gesamten irdischen Schöpfung, denn alles steht mit allem in Verbindung.

„Christuszellen"

Wenig später, im März 1977, fand auch die erste öffentliche Veranstaltung in Würzburg statt. Es bildeten sich in rascher Folge sogenannte „Christuszellen" in München, Bad Reichenhall, Burghausen, Rosenheim, Augsburg, Darmstadt, Salzburg ... Diese Zellen wurden gegründet von Menschen, die „zufällig" eine kleine Anzeige oder einen Handzettel gesehen hatten, sich im Inneren angesprochen fühlten und Kontakt aufnahmen. Für Gabriele bedeutete dies: Jeden Freitag Mittag mit einer kleinen Schar Christusnachfolger in einem PKW loszufahren, um am Freitag Abend in einem angemieteten Saal oder einem Hinterzimmer vor fünfzehn, zwanzig, dreißig, selten einmal fünfzig oder gar hundert Zuhörern eine Gottesoffenbarung zu geben. Übernachtetet wurde in einfachen Pensionen; am Samstag ging es weiter in die nächste Stadt, wo am Abend die nächsten Zuhörer darauf warteten, dass Gabriele das Wort des Christus-Gottes-Geistes aufnahm, desgleichen am Sonntag Nachmittag wieder an einem anderen Ort. Meist erreichte der kleine Trupp erst Sonntag Nacht, oft weit nach Mitternacht, wieder den Ausgangspunkt Würzburg. Am Montag Morgen wollten jedoch wieder die Alltagspflichten erfüllt werden – für Gabriele hieß das: als Hausfrau, Ehefrau und Mutter einer Tochter einen Haushalt samt Garten zu versorgen.

An so manchem Abend unter der Woche wurde geplant, oder es wurden Telefongespräche geführt – nicht selten wenig erbauliche, denn unter den Kontaktpersonen der einzelnen Städte, die das Werk des Herrn erst wenige Wochen oder Monate kannten, menschelte es bisweilen gewaltig, und kaum jemand hatte Scheu, Gabriele als „Schiedsrichterin" anzurufen oder sie mit persönlichem „Kleinkram" zu belasten. In der verbleibenden Zeit schrieb Gabriele als Werkzeug des Herrn immer wieder Offenbarungen nieder, die zur Veröffentlichung als Schrift bestimmt waren.

Es ist in der Rückschau erstaunlich, wie Christus immer wieder weitere Menschen in ihren Herzen erreichte und so schon bald ohne Werbekampagne, ohne Sponsoren, ohne Medienkontakte und dergleichen immer neue Orte hinzukamen. Gabriele und ihre Begleiter bezahlten Fahrt und Übernachtung aus eigener Tasche; Saalmiete und Werbung wurden, von spärlichen Spenden abgesehen, von den Kontaktpersonen getragen. Diese wiederum packten einiges Werbematerial und einen Stapel geklammerte Offenbarungsschriften in ihren Kofferraum, legten einen Cassetten-Recorder auf den Rücksitz und steuerten ihrerseits Woche für Woche die Städte und Ortschaften ihrer Umgebung an, wo sie weitere Zellen gründeten. Mit den Abspielgeräten, oft nicht gerade neue Modelle, gaben sie die göttlichen Botschaften wieder, die in den Tagen und Wochen zuvor aufgenommen worden waren.

Was diese Idealisten der ersten Stunde vereinte, war das innere Wissen, die feste Überzeugung, dass es der Christus-Gottes-Geist selbst ist, der wieder durch Prophetenmund zu den Menschen spricht. Doch weshalb war es ihnen sofort klar, während viele andere kopfschüttelnd oder stirnrunzelnd ihrer Wege gingen? Dies lässt sich wohl nur so erklären: Sie haben diese Überzeugung bereits mitgebracht, und der Mensch vernahm so etwas wie den Ruf seiner Seele: Dort liegt eine Aufgabe für dich!

Doch mit dem Hören göttlicher Offenbarungen allein ist es nicht getan – und auch nicht mit äußeren Aktionen allein. Ein italienisches Sprichwort lautet: „Tra il dire e il fare c'è di mezzo il mare" – zwischen dem Reden und dem Tun liegt das Meer. Es ist spannend, ja bisweilen abenteuerlich, die Entstehung dieses göttlich-geistigen Werkes aktiv mitzuerleben – doch, wie schon gesagt, nicht jeder der Aktiven der ersten Sunde begriff, dass die weitere Entwicklung und Verbreitung dieses Werkes mit der persönlichen Entwicklung jedes Einzelnen zu tun hatte, der daran mitwirkte. Gabriele ging diesen Weg der inneren Entwicklung voraus – und durch sie schenkte und schenkt uns der Christus-Gottes-Geist, um im Bild des Sprichworts zu bleiben, all das Handwerkszeug und die Anleitungen, um in Kürze hochseetaugliche Boote zu bauen und das Meer des allzumenschlichen Egos zu überqueren. Doch Gebrauch davon machen, das konnte und kann nur jeder selbst.

Wer es nicht tut, wer so bleiben will, wie er ist, der wendet sich wieder ab – und nicht wenige geben dann denen die Schuld, die ihr Ego nicht genügend hofiert haben oder nicht nach ihrer Pfeife getanzt sind. Gabriele musste das immer und immer wieder erleben; es war über die Jahre hinweg wie ein ständiges Kommen und

Gehen. Immer wieder tauchten auch „Manager" auf, die mit übersteigertem Selbstbewusstsein alles in die Hand nehmen und ihre Vorstellungen durchdrücken wollten. Immer wieder gab es auch zwischen den Aktiven Reibereien, mit denen Gabriele dann hautnah konfrontiert wurde – sie, die am allerwenigsten nachvollziehen konnte, wie man sich durch Rechthaberei oder persönliche Animositäten den Blick auf das große Ziel verstellen, wie man durch Streitereien so viel an Zeit und Energie vergeuden konnte.

Sammelbecken für suchende Menschen

Doch Gabriele erfuhr auch immer wieder, dass die göttlich-geistige Welt sie nie allein lässt. Wenn auch immer neue Widerstände auftauchten, sowohl von innen wie auch von außen kommend, auch wenn die Lage oftmals ausweglos erschien, wenn sich unter den aktiven Menschen, die ja gesagt hatten zu dieser Aufgabe, Stagnation breit machte, von denen etliche konkrete Verantwortung übernommen hatten, diese aber wieder niederlegten – die Genialität der göttlich-geistigen Welt erwies sich gerade an solchen Wendepunkten stets aufs Neue. Es wurden unermüdlich neue Wege beschritten, um das Werk des Christus Gottes weiter aufzubauen. So wurden zunächst Ende 1978 jeweils mehrere Christuszellen zu zentralen Offenbarungsorten zusammengefasst, indem in größeren Städten große Säle angemietet wurden. 1980 erfolgte der nächste Schritt: In zahlreichen Städten wurden *Innere Geist=Christus-Kirchen* gegründet: Sammelbecken für suchende Menschen.

Innere Geist=Christus-Kirche – damit war ein für allemal klargestellt, dass der Christus-Gottes-Geist niemals die Absicht hatte, durch Seine Prophetin irgendeine äußere Kirche ins Leben zu rufen, sondern dass es um eine Kirche des Inneren geht, in die jeder frei kommen und wo er ebenso frei wieder gehen kann; die jedem offen steht; in der jeder so, wie er es möchte, Einkehr halten kann in den inneren Tempel, um Gott in sich selbst zu finden.

Jeder neue Schritt im Aufbau des Werkes war mit erheblichen Geburtswehen verbunden. Zum einen spürte Gabriele es bereits im Voraus, wenn etwas Neues anstand. Die Kräfte, die gegen Gott sind, versuchen, jeden neuen Wurf des Gottesgeistes zu verhindern und zu torpedieren. Gabriele können sie zwar trotz aller Anstrengungen nicht von ihrem Ziel abbringen, doch ihre Weggefährten bieten oftmals so manche Angriffsfläche, und das bis heute. Zur inneren Anspannung kommen dann für Gabriele äußere Kämpfe, die durch Rechthaberei, intellektuelle Besserwisserei oder gar Streitlust ausgelöst werden.

Gerade der Schritt zur *Inneren Geist=Christus-Kirche* liefert hierfür ein aufschlussreiches Beispiel. Zur damaligen Zeit war der Gedanke, dass jeder Mensch ein Tempel des heiligen Geistes ist, für die meisten Menschen noch völlig ungewohnt, obgleich er doch in den Bibeln der Kirche nachzulesen ist. Deshalb konnten oder wollten einige der im Werk Aktiven diesen Schritt nicht nachvollziehen. Sie blickten wie hypnotisiert auf das Wort „Kirche" und übersahen dabei das revolutionäre Wörtchen „Innere". Ihre Zweifel brachten sie dann lautstark zum Ausdruck. Da Gabriele nichts in Kommandomanier einfach durchsetzt, bedurfte es zur Klärung der prophetischen Diplomatie. Irgend etwas einfach durchzudrücken, hätte nicht nur ihrem Wesen und Charakter als Mensch widersprochen, sondern auch den göttlichen Gesetzmäßigkeiten: Jeder Mensch hat den freien Willen, und der muss respektiert werden, komme, was da wolle. Gabriele musste also viele klärende Gespräche führen, um ihren Mitmenschen zu vermitteln, um was es ging.

Der Weg zum kosmischen Bewusstsein

„Ich bin nicht für mich auf dieser Erde, sondern für Gott, meinen Vater, und für meine Nächsten". Diesen Satz, den Gabriele allen ihren Mitmenschen mit auf den Weg gibt, hat sie seit ihrer Berufung zur Gottesprophetin selbst bis ins Kleinste hinein befolgt. Und Gott, der Allmächtige, zögert keinen Augenblick, durch sie, Seine Tochter, so viel wie nur irgend möglich auf diese Erde zu bringen.

Ständig bahnt sich Neues an; „der Geist drängt", sagt Gabriele dann. Eine Begrenzung für die Fülle, die aus den Himmeln herabkommen möchte, liegt nur zum einen in Zeit und Raum – zum anderen aber darin, wie ihre Mitmenschen, die zum Werk des Christus Gottes ja gesagt haben, mit diesen Schätzen aus der göttlichen Weisheit umgehen, wie rasch sie diese Schätze in die Tat umsetzen. Oder auch, wie sehr sie die Prophetin Gottes durch ihre allzu menschlichen Probleme von ihren Aufgaben aus den Himmeln zeitweise abhalten.

Eines aber ist und bleibt unveränderlich: Was Gabriele aus der Hoheitslehre der Bergpredigt weitergibt, das hat sie zuvor an sich selbst erprobt und verwirklicht. Den Weg nach Innen zum Herzen Gottes ist sie uns vorausgegangen – bis hin zum Ursprung der Quelle, aus der sie seitdem schöpft und das Wasser des Lebens unermüdlich weitergibt.

Es ist der Weg zum kosmischen Bewusstsein, auf dem der Mensch seine Seele Stück für Stück von allem reinigt, was nicht dem Willen Gottes entspricht. „Werdet vollkommen, wie euer Vater im Himmel vollkommen ist." Jesus von Nazareth richtete diese Aufforderung bereits vor 2000 Jahren an alle Menschen. Er zeigte damit zugleich auf, dass dieses Ziel tatsächlich erreichbar ist – ja, dass es dereinst einmal jeder Mensch und jede Seele erreichen wird, denn jede Seele wird einst zurückkehren zu ihrem Ursprung im ewigen Sein. Gabriele durchlief diesen Weg aufgrund ihres göttlichen Auftrages in wenigen Jahren. Ende 1983 blickte sie zurück:

„Mein Weg zu Gott ist der Pfad der Liebe-Mystik, der meine Seele und meinen Menschen frei gemacht hat. Ich suche nicht mehr; ich habe gefunden. Das zu erkennen und zu erleben, macht mich glücklich und froh. Das Aufbrechen des Herzens für Gott ist die Liebe und Hingabe des Kindes an den Vater. Das war und ist mein Weg. Der ewige Geist, der Vater aller Kinder, kann uns Menschenkinder nur dann leiten und schützen, wenn wir uns Ihm vertrauensvoll hingeben."

Zur selben Zeit schrieb sie:

„Als ich im Geiste heranreifte, wünschte ich mir nichts sehnlicher, als mich in meinem Inneren auszuruhen und vor dem inneren Altar göttlicher Liebe kniend zu verharren, dort zu verweilen, wo ich die Liebe und die Kraft Gottes verspürte, die mir Frieden und Stille schenkte."

Die innere Stille und die bewusste Einheit mit dem Geist Gottes in ihrem Seelengrund hat Gabriele gefunden – doch eine Lebensweise ganz in der Stille, in der Kontemplation, das war und ist ihr nicht vergönnt, im Gegenteil. Zu Beginn der Schulung durch Geistlehrer Bruder Emanuel hatte sie tatsächlich eine Zeit lang geglaubt, der Gott suchende Mensch müsse sich zurückziehen und die Welt meiden.

Doch Bruder Emanuel gab ihr ein eindrückliches Bild für das, was der Geist Gottes von ihr verlangte. Sie berichtet:

„Ich sah eine Batterie, die an ein Stromnetz angeschlossen war. Das heißt also, sie wurde mit Energie aufgeladen. Danach wurde die Batterie in eine Taschenlampe gesteckt, und die Lampe wurde angeknipst. Das bedeutet also: Die Energie, die ich aufgeladen habe, wird wieder ausgestrahlt."

Dieses Bild, so erklärt Gabriele, ist nicht nur für sie, sondern für alle Menschen von Bedeutung, die geistiges Wissen aufnehmen. Wer dies tut, der verpflichtet sich damit, es auch umzusetzen und es an seine Mitmenschen weiterzugeben:

„Wir Menschen sind Batterien des Lebens. Wir dürfen aufnehmen, sollen aber dann auch wieder ausstrahlen. Denn wenn wir zu viel Energie aufnehmen und diese nicht weitergeben, so erleben wir auch in uns unsagbare Spannungen, die letzten Endes zu Krankheiten, Fehlreaktionen oder auch Schicksalsschlägen führen."

Den Weg nach Innen zu Gott nur im Alleingang zu gehen, wäre also egoistisch. Denn das Gesetz der Himmel lautet: Senden und Empfangen.

„Was du aus dem ewigen Leben empfängst, das gib auch weiter. Sei ein Kanal des wahren, ewigen Lebens."

Der angekündigte Tröster kommt.

Und so begann Gabriele Ende 1979, den Weg nach Innen an ihre Mitmenschen weiterzugeben. Doch was bedeutet das? Selbst Jesus von Nazareth, der größte Gottesprophet aller Zeiten, konnte aufgrund der kurzen

Zeit, die Ihm zu lehren vergönnt war, nur Teile des Weges nach Innen auf diese Erde bringen. Doch Er kündigte den Tröster an, den Geist der Wahrheit, der uns in alle Wahrheit führen würde:

„Diese Dinge habe Ich zu euch gesprochen, solange Ich noch bei euch Bin. Doch der Tröster, der der Heilige Geist ist, den der Vater senden wird in Meinem Namen, wird euch alles lehren und euch alles in Erinnerung bringen, was Ich euch gesagt habe." (Das ist Mein Wort, S. 784)

Und Christus erläutert dazu in Seinem großen Offenbarungswerk „Das ist Mein Wort":

„Der Tröster und Erlöser ist der Christus Gottes, der im Geiste des ewigen Vaters lebt. Ich Bin eins mit dem Vater. Der Vater und Ich sind das eine Gesetz – die Wahrheit, die alle Seelen und Menschen frei macht, welche glauben und Gottes Willen erfüllen." (S. 784)

„Der Tröster und der Erlöser, der Christus Gottes, der Ich, der Weg, die Wahrheit und das Leben, Bin, brachte und bringt aufs neue den Weg der Liebe in diese Welt, der zum Herzen Gottes führt." (S. 887)

Und heute, in unseren Tagen, ist es soweit: Durch Gabriele kommt der Weg nach Innen, der Weg zur Reinigung der Seele und zu ihrer Vereinigung mit Gott, unserem Vater, in allen Stufen und Details zu uns Menschen!

Bruder Emanuel offenbarte Gabriele zunächst zwei einleitende Meditationskurse, in denen Mensch und Seele durch hochschwingende Worte lernen, sich umzuorientieren und nach innen auszurichten. Dann begann Bruder Emanuel, durch Gabriele die sogenannte Intensivschule zu offenbaren: Die Reinigung der Seele des Menschen beginnt mit der Stufe der Ordnung, auf welcher der Mensch Ordnung in seinen Gedanken und Worten, in seinem gesamten Leben, macht. Auf der Stufe des Willens lernt er sodann durch gezielte Aufgaben und Übungen, den Willen Gottes für sein Leben mehr und mehr zu erfassen und umzusetzen. Es folgt die Stufe der Weisheit, die Stufe der schöpferischen Tat, und schließlich die Stufe des Ernstes, auf welcher der Schüler auf dem Weg nach Innen mit entschlossener Ernsthaftigkeit und mit Christi Hilfe alles aufarbeitet, was sich noch an Allzumenschlichem in seinem Bewusstsein tummelt. Diese vier Stufen sind, wie bereits erwähnt, auch als Bewusstseinszentren, als Schaltstellen des geistigen Kreislaufs, im menschlichen Körper vorhanden.
Das vierte Zentrum, das Bewusstseinszentrum des göttlichen Ernstes, befindet sich in der Herzregion in der

Mitte des Körpers – und auf dieser Stufe erlangt der Schüler die bewusste Einheit mit Christus, der ihn sodann von innen her so zu führen vermag, dass er alle sieben göttlichen Kräfte – Ordnung, Wille, Weisheit, Ernst, Geduld, Liebe und Barmherzigkeit – wieder in sich entfaltet und so in die bewusste Einheit mit Gott gelangt.

Gabriele fügte in den ersten Kursen der Intensivschule den Offenbarungen von Bruder Emanuel eine Fülle von weiteren Erläuterungen hinzu. Hier kommt zum Tragen, dass sie nicht nur Gottesprophetin, sondern auch Botschafterin Gottes ist. Gabriele war darin geschult, ihren Mitmenschen aus ihrem erschlossenen Bewusstsein Hilfestellung zu geben, auf jeden Einzelnen konkret einzugehen, und zwar mit den Worten, die in dieser Welt und in dieser Zeit verstanden werden. Die Offenbarungen des Inneren Weges und die Erläuterungen Gabrieles wurden später zu einem Gesamtband zusammengefügt, der jedem Menschen zugänglich ist und inzwischen in alle Weltsprachen übersetzt wurde.

Gabriele musste jedoch sehr bald feststellen, dass nur wenige Menschen wirklich gewillt sind, über die Grundbegriffe des Inneren Weges hinaus mit aller Konsequenz die Vollkommenheit der Seele anzustreben, die sie selbst mit Entschlossenheit und Disziplin erreicht hatte. Dennoch gibt sie unermüdlich das geistige Brot allen willigen Menschen. Im Laufe von mehr als drei Jahrzehnten schulte sie die Lektionen des Inneren Weges bei ungezählten Gelegenheiten immer wieder: in geistigen Lehrstunden und Gesprächen, in Radio- und Fernsehsendungen ebenso wie in weiteren Büchern. Nehmen wir beispielhaft nur einige wenige Jahre: Im Jahr 2005 etwa erschien eine Christus-Offenbarung mit dem Titel „Näher zu GOTT in dir – Das Wort des Christus Gottes an die Menschheit, bevor diese Welt vergeht" als Buch. 2008 kam die Reihe „Finde zum Urlicht in dir – die Handreichung Gottes" als Buch und als Audio-CD heraus. Hier hat Gabriele aus ihrem erschlossenen Bewusstsein Aspekte des Absoluten Bewusstseins Gottes zusammengestellt, mit denen der Leser oder Hörer gezielt das Positive in seiner Seele ansprechen kann, um so Gott näherzukommen. Im Jahr 2010 schließlich erschien eine Serie von Fernsehsendungen als Buchreihe, die den Titel trägt: „Lebensschule zur Lebensbemeisterung – Der Weg zum Kosmischen Bewusstsein". Auch darin geht es um den Weg nach Innen – jedoch jeweils mit anderen Worten beleuchtet. So, wie sich über die Jahre die Zeiten ändern, so ändert sich auch die Art und Weise, wie der Christus-Gottes-Geist durch Gabriele zum selben Thema immer wieder neue Facetten der einen ewigen Wahrheit zum Leuchten bringt.

Gott, der ewige Vater, spricht wieder.

Blicken wir wieder zurück in die beginnenden 80er Jahre. Es war, zumindest im deutschsprachigen Raum, ein Netz von Inneren Geist=Christus-Kirchen aufgebaut worden, und Hunderte von Menschen hatten damit begonnen, sich einzuüben, die ersten Schritte auf dem Weg nach Innen zu gehen. Nun stand ein weiterer Schritt in die Öffentlichkeit an: Zum ersten Mal seit nahezu 2000 Jahren offenbarte sich der All-Eine, der Schöpfergott selbst, allen Seinen Menschenkindern direkt durch Prophetenmund.

Auch diesen neuen Schritt, der anlässlich der großen Schöpfer-Offenbarung zu Karfreitag am 17. April 1981[2] in Würzburg stattfand, erfuhr Gabriele als innere Prüfung.

Sie wusste dieses Mal nicht, wie sonst, bereits im Voraus, was der Inhalt bzw. das Thema dieser göttlichen Offenbarung sein würde. Erst als sie, nach einer ganzen Weile atemberaubender Stille, vertrauensvoll aufstand, brach das Wort Gottes mit Macht hindurch. Auch ohne Mikrophone und Verstärker war Gabrieles Stimme klar und deutlich bis in die letzte Reihe der mit mehr als 1000 Besuchern gut gefüllten Halle zu hören – weit über eine Stunde lang. Immer wieder durfte sie die Erfahrung machen, dass der Geist Gottes nicht nur in die Seele, sondern auch in den Körper Seines Instrumentes einstrahlt und diesen stärkt.

Dies war der Auftakt zu einer Vielzahl von Großoffenbarungen in zahlreichen Städten des In- und Auslandes, in der eine unermessliche Fülle an Gottesoffenbarungen über mehrere Jahre hinweg gegeben wurde. Wir erinnern uns: Gabriele war zu dieser Zeit schwer krank. Und doch nahm sie klaglos diese strapaziösen Reisen auf sich – mit dem Auto beispielsweise kreuz und quer durch Spanien innerhalb von nur einer Woche, oder mit dem Flugzeug hinüber auf den amerikanischen Kontinent, wo sie allein in den USA auf zwei Reisen in insgesamt 13 Städten Gottesoffenbarungen gab.

Von einer Christus-Offenbarung in Rom am Karfreitag 1983, in welcher unter anderem das Niedersinken der Mauern des Vatikans angekündigt wurde, fuhr Gabriele noch in derselben Nacht zurück, um möglichen Schikanen seitens kirchlich beeinflusster Behörden zu entgehen. Von Land und Leuten sah sie bei all diesen Reisen nichts; Ruhetage waren nicht eingeplant. Es ging damals einzig und allein darum, das Wort Gottes hinauszutragen, nach der geistigen Wahrheit suchende Menschen anzusprechen. Doch die positiven geistig-energetischen Auswirkungen erwiesen sich als viel weitreichender: Mit diesen Offenbarungsreisen wurde energetisch die Basis geschaffen, die geistige Atmosphäre aufbereitet, so dass später der Geist Gottes dort Fuß fassen konnte und Seine Botschaft in diesen Regionen heute auch über Radio- und Fernsehsender ausgestrahlt wird.

„Ich ging durch die Hölle,
um den Himmel zu hören."

Auch wenn das göttlich-prophetische Wort nunmehr seit mehr als 36 Jahren tausendfach an verschiedensten Orten dieses Globus ertönt ist, so ist und bleibt es dennoch jedes Mal ein unfassbares Geschehen – ein Gnadengeschenk des himmlischen Vaters an uns Menschen, Seine Kinder. Gabriele wurde einmal nach einer großen Offenbarung gefragt, wie sie selbst dieses Geschehen empfindet, und sie gab folgende Antwort:

Ich möchte gleich zu Beginn sagen, dass ich mich als Mensch nicht Prophetin nenne, sondern Gott, der Prophetische Geist, nennt mich so. Hier stelle ich mich ganz zurück und sage schlicht und einfach: Ich bin nur Posaune, und Gott bläst in die Posaune, und die Posaune übersetzt das göttliche Wort, so dass es die Menschen verstehen können.

Wie es der Posaune dabei ergeht? Zum einen heißt es für den Propheten, für die Posaune: volle Konzentration. Um mich eine Stunde voll auf dieses Innere Licht konzentrieren zu können, musste ich viel erleben, viel erleiden, viel erdulden, das heißt: Ich ging durch die Hölle, um den Himmel zu hören.

Ich musste mich also selbst läutern, selbst reinigen, das heißt: Ich gab mich dem Geist Gottes hin, der dies auf mannigfache Art und Weise vornahm, bis ich mein Ober- und Unterbewusstsein so weit gereinigt und geläutert hatte, dass der Geist Gottes, vom Seelengrund ausgehend, über die gereinigte Seele in das Oberbewusstsein gelangen konnte.

Dadurch ist es mir auch möglich, mich eine Stunde voll auf den Seelengrund zu konzentrieren. Durch diese, vom Menschen aus gesprochen, wirklich harte Schulung, kann ich zu jeder Tageszeit, zu jeder Stunde, dieses Innere Licht empfangen. Denn mein Bewusstsein, auch das Oberbe-

187

wusstsein, steht beständig mit dem Inneren Licht in Kommunikation.

Nach einer anderen Christus-Offenbarung, in der Christus den Propheten mit einem Dolmetscher verglich, gab Gabriele zum besseren Verständnis folgendes Bild:

Wir suchen alle nach Wärme und Licht. Wenn wir aus dem Schatten heraustreten an die Sonne, dann empfinden wir die warmen Strahlen der Sonne. Der Körper wird warm; es tut uns wohl. Wir empfangen die Strahlen. Bleiben wir jedoch im Schatten, dann wird unser Körper immer kälter; uns friert. Wir haben uns von der Sonne abgewandt; wir sind in den Schatten gegangen.

Ähnlich ist es mit dem Propheten. Der Prophet muss sich auf die Sonne, auf das Licht, auf die Wärme, auf den Christus Gottes, ganz und gar einstimmen, das heißt, er wird das tun, was Gott ist: Gott ist Liebe; Er ist Friede, Freiheit, Harmonie, Einheit — Er ist das ewige, unumstößliche Gesetz der Liebe.

Der Prophet muss also aus dem Schatten heraustreten ins Licht, sich dem Licht zuwenden, um die Strahlen des Lichtes zu empfangen. Er lernt dann auch die Sprache des Lichtes. Er weiß, wie er die Sprache des Lichtes umzusetzen vermag, weil er das Gesetz der Liebe, des Friedens, der Freiheit und Einheit umsetzt. Mit anderen Worten:

er hat durch die Hilfe des Christus Gottes seine Seele zum Licht erhoben, und seine Seele empfängt das Licht, die Wärme, die Kraft und somit die Stimme der Wahrheit.

Der Mensch selbst hat sein Ober- und Unterbewusstsein so weit gereinigt, dass der Strom, das Wort, durch die lichte Seele in das Oberbewusstsein, in die vorbereiteten Gehirnzellen des Dolmetschers gelangt, so dass dieser das Wort in seine Muttersprache umzusetzen vermag. Doch auch der Dolmetscher muss sich im Strom Gottes, im Licht, bewegen, ansonsten empfängt er das Licht nicht und kann es auch nicht übersetzen, das heißt: Er kann das Wort Gottes nicht wiedergeben.

Gabriele wird oft gefragt, wie es denn möglich sei, dass sie sich ständig in den göttlichen Strom einschalten kann und ob Gott dauernd sprechen würde. Gabriele erläuterte dazu:

Fragt ein Fisch, der in seinem Element lebt, wo sein Element ist, damit er trinken kann? Ähnlich ist es mit uns Menschen. Lebt die Seele in ihrem Element, das göttlich ist, dann kann sie unablässig daraus schöpfen. Ist also die Seele eines Menschen im göttlichen Strom, dann ist es auch dem Menschen möglich, das zu empfangen, was die Seele schöpft, das Leben, GOTT.

Der Strom GOTT fließt immer. Er ist das allgegenwärtige Leben, Gott. Es ist die sich offenbarende Gotteskraft, die jede reine Lebensform zum Ausdruck bringt. Alles, was wir sehen und nicht sehen, was wir hören und nicht hören, ist sich offenbarendes Bewusstsein. Es ist das Leben, Gott, das sich durch alle Lebensformen, gleich Bewusstseinsformen, offenbart. Ob es die Natur in ihrer Vielfältigkeit ist, ob es die Gestirne sind, ob es das Atom oder das Molekül ist – Gott ist in allem das sich offenbarende Leben. Leben ist beständige Kommunikation, ständiges Fließen der ewig sich offenbarenden Kraft, Gott. Wessen Seele im ewigen Strom lebt, gleicht dem Fisch in seinem Element; er steht in Kommunikation mit dem Leben, Gott.

Der Mensch, dessen Seele weitgehend eingetaucht ist in den unendlichen Ozean, den Strom des Lebens, kann sich auch jeden Augenblick in den ständig sich offenbarenden Lebensstrom einschalten und daraus empfangen. Die Seele eines Propheten befindet sich im Strom, und somit ist es dem ewigen Strom, dem Leben, möglich, durch die Seele zu strömen und sich durch die Posaune, den Propheten, zu offenbaren.

Der Lebensstrom, Gott, fließt unaufhörlich, und somit offenbart Er sich kontinuierlich. Gott spricht in dir, Gott spricht in jedem von uns. Viele Menschen haben nicht das Ohr für die ewig sich offenbarende Kraft, weil sie zu veräußerlicht sind. Gott ist die innere Stille. Gott ist Harmonie. Gott ist Liebe. Wir müssen von außen, von der ungezügelten, lauten Welt, in die innere Stille finden, indem wir unser Ungezügeltes, unser Sündhaftes, mit der Hilfe Christi bereinigen und nicht mehr tun. Und so wir es nicht mehr tun, erfüllen wir schrittweise die Gebote Gottes.

Gehen wir also mehr und mehr in unser Inneres, um das Reich des Inneren zu erschließen, dann nähern wir uns der inneren Quelle und finden so allmählich zum Ursprung der Quelle, um in den Ozean Gott einzutauchen. Dann können wir jeden Augenblick Gott vernehmen.
Gott ist die Stimme des Herzens. Wollen wir Seine Stimme hören, dann müssen wir zu dem werden, was uns Jesus gebot: vollkommen zu werden, wie unser Vater im Himmel vollkommen ist. Damit meinte Er unsere Seele. Auch der Mensch richtet dann sein Leben so ein, dass er Gottes Willen erkennt und Gottes Willen erfüllt.
Der prophetische Mensch muss sich ebenfalls von Gott auf Gott einstimmen lassen, das heißt seine Seele in den Strom leiten, indem der Mensch tut, was Gottes Wille ist. Der Unterschied zwischen dem Propheten und dem Menschen, der sein Leben Gott weiht und dadurch zur

Stimme des Herzens findet, ist, dass das innere Wesen eines prophetischen Menschen – das Geistwesen, einverleibt die Seele genannt – mit Gottes Weisung in diese Welt als Mensch kam, um als Seine Posaune zu fungieren. Einem geistigen Auftrag liegt immer eine Weisung Gottes zugrunde, die erfüllt werden muss.

Spricht der Geist Gottes durch den Propheten, dann spricht der Prophet in seiner Muttersprache aus, was Gott ihm eingibt. Erfülle ich in den unterschiedlichen Schulungen, auch beim Treffen aller Gottsucher, meine geistige Aufgabe, als Lehrprophetin zu wirken, dann vernehme ich die Impulse Gottes, die ich dann in unserer Umgangssprache wiederzugeben habe. Die Umgangssprache ist den Zuhörern oder Fragestellern um vieles näher als das Prophetische Wort, weil Gott Sich nicht auf das Niveau unserer Umgangssprache begibt.
Das Prophetische Wort ist das unmittelbare Wort. Der Lehrprophet gibt in den Schulungen mittelbar das Wort Gottes, das ewige Gesetz.

Das Schönste und Erhabenste ist für mich das Gespräch mit dem Ewigen. Der Prophet redet mit Gott, und Gott antwortet dem Propheten aus Seinem heiligen Gesetz. Das Wunderbarste ist das Gespräch zwischen dem ewigen

Vater und Seinem Kind. Er, der große All-Eine, zieht gerade in solchen Zwiesprachen Sein Kind ganz an Sein Herz. Der prophetische Auftrag ist dann beiseitegestellt, und das Kind kommt zum ewigen Vater, einzig als das Kind. Vielleicht liest so mancher Leser heraus, dass ich ungern Prophetin bin – sehr ungern. Ich wäre lieber ausschließlich Sein Kind – ausschließlich.

Was ist der größte Wunsch eines Gottespropheten? Hierauf gab Gabriele einmal während einer Rundfunkübertragung eine aufschlussreiche Antwort: Ihr größter Wunsch sei es, nicht mehr als Prophetin sprechen zu müssen, nämlich dann, wenn die Menschen die göttliche Sprache in sich selbst erschlossen haben werden und daher nicht mehr auf einen Dolmetscher angewiesen sind.

Der Prophet will immer nur Wegweiser sein – und er möchte daher auch nicht, dass Menschen sich auf ihn als Person ausrichten. Gabriele bringt dies im Folgenden sehr deutlich zum Ausdruck:

Mein Wunsch und Wille ist, dass sich niemand meiner Mitmenschen auf mich ausrichtet. Ich bitte die Leser, mich nicht als Leitbild zu sehen, denn dadurch würde ein Mensch kopiert; das ist nicht richtig. Der Leitgedanke sollte die Lehre Jesu, des Christus Gottes, sein. So wir die echte christliche Lehre, die der Gottes- und Nächstenliebe, schrittweise erfüllen, wachsen und reifen wir in unserem Inneren und erschließen allmählich das Reich Gottes, das in uns ist. Dadurch kommt allmählich unser wahres Wesen zum Tragen. Dabei dürfen wir das geistige Ziel der Gottes- und Nächstenliebe nicht aus den Augen lassen, sondern sollten es im Alltag mehr und mehr entwickeln.

Wer sich dieses Ziel vorgibt und diesem seinem wahren Sein zustrebt, braucht keine menschliche Leitfigur. Menschen, die sich nach der Lehre Jesu orientieren, bereinigen täglich die von ihnen erkannten Fehler und Schwächen, das Sündhafte, und tun es nicht mehr. Mit der Hilfe des Christus Gottes arbeiten sie dann an sich selbst ihre geistige Skulptur heraus, die in allem, was der Mensch denkt und tut, in der Gestik und Bewegung, feiner, also harmonischer ist. Daraus ergibt sich auch die Achtung vor dem eigenen Leben und vor dem des Nächsten.

Die Skulptur Mensch diszipliniert sich mehr und mehr. In allen Situationen des Lebens wird ein solcher Mensch sensitiver und hilfsbereiter. Er lernt auch, dem Nächsten zuzuhören und ihn zu verstehen. Daraus erwächst die Liebe zum Innersten des Nächsten.

Menschen, die den Weg mit Christus zum ewigen Vater gehen, nehmen sich immer mehr zurück. Sie wollen nicht *im Vordergrund stehen. Sie sind glücklich und froh, wenn es ihren Mitmenschen gutgeht, nach Möglichkeit besser als ihnen selbst. Menschen, die um das mächtige Allbewusstsein GOTT wissen, das in allem ist und das das Leben in allem und allen ist, schätzen auch die Nahrung. Sie schätzen alles, was sie umgibt – die Wohnung, die Kleidung und alles, was in der Natur lebt und in der Natur sein Dasein hat.*

Jeder von uns muss irgendwann das Reine, Edle und Schöne wieder erlangen. Es ist die Gottes- und Nächstenliebe, es ist unser göttliches Erbe. Wer diese Schritte tut, verändert sich allmählich und gewinnt Schritt für Schritt die innere Freiheit, die es ihm unter anderem auch ermöglicht, offen auf seine Mitmenschen zuzugehen, sie ohne viele Worte zu verstehen, ohne sie mit egoistischen Gedanken zu binden. Menschen, die mit Christus dem ewigen Vater zustreben, werden auch sensitiver für ihre Umgebung.

Wer der Gottes- und Nächstenliebe zustrebt, erlangt ein höheres ethisch-moralisches Verhalten. Wir Menschen sprechen so viel von unseren Werten und Lebenswerten, von ethischen und moralischen Werten. Hört man diese Gespräche an, so erkennt man, dass die Wenigsten die Grundform als Basis für höhere Werte haben. Sie meiden förmlich die einfachste Lehre, die uns höher trägt, uns zu

195

geistig gebildeten Menschen macht, die vor ihren Mit-
menschen Achtung haben, die also die Werte für eine
gute Gesellschaft entwickeln, welche letztlich auf der
Lehre des Jesus, des Christus, basiert.

Keine Frage, dass wir Menschen insgesamt auf dieser
Erde von diesem Ziel noch weit entfernt sind. Doch
Gott, der Ewige, leitet gerade in dieser turbulenten Zeit
durch Sein Instrument Gabriele Schritt für Schritt das
ein, was uns diesem Ziel näher bringt. Und sie geht
vertrauensvoll an Seiner Hand und führt das aus, was
nach Seinem Willen derzeit möglich ist. Sie brachte
und bringt die Lehre aus den Himmeln – die Lehre, die
alles beinhaltet, was Menschen benötigen, um Gott in
sich wieder näherzukommen und um aus diesem Planeten Erde ein blühendes Paradies zu machen.
Um die Lehre aus den Himmeln in die Tat umzusetzen,
bedarf es jedoch vieler Hände – Hände von Menschen,
die in ihrer Seele ebenfalls den Auftrag und den Wunsch
tragen, das Reich des Friedens auf diese Erde zu bringen,
das schon der Gottesprophet Jesaja angekündigt hat.
Gabriele selbst setzt sich seit ihrer Berufung zur Gottesprophetin unermüdlich dafür ein, dass schon zu ihren
Lebzeiten möglichst viel von dem entstehen kann, was
Gott für diese Erde vorgesehen hat. Doch wie viel von

dem, was möglich ist, umgesetzt wird und wie rasch die Pläne Gottes Wirklichkeit werden, das liegt in dem freien Willen der ebenfalls inkarnierten Geistwesen, die zu diesen Aufgaben bereits in der ewigen Heimat ja gesagt haben.[3]

Für den Menschen Gabriele bedeutet dies immer neu eine Zerreißprobe: Die göttlich-geistige Welt drängt vorwärts, und Gabriele sieht und schaut, was alles realisierbar wäre – zugleich jedoch muss sie immer wieder erleben, dass Menschen, die zu bestimmten Aufgaben ja gesagt haben, diese Chancen nicht oder nur unzureichend ergreifen. Und doch geht sie Schritt für Schritt voran, denn sie hält Gott, unserem ewigen Vater, die Treue.

Die Gründung des Universellen Lebens

Mit dem Heimholungswerk Jesu Christi, dem Weg nach Innen und zahlreichen Großoffenbarungen im In- und Ausland hatte der Gottesgeist durch Gabriele den Grundstein gelegt für den nächsten großen Schritt. Dieser erfolgte während einer göttlichen Offenbarung in Mainz am 8. April 1984. Christus offenbarte:

„Was Ich auf das Fundament des Heimholungswerkes Jesu Christi baue, ist das Universelle Leben, die Innere Religion ..."

Das Fundament *Heimholungswerk Jesu Christi* bleibt bestehen. Doch auf diesem Fundament vollzieht sich nun etwas Weitergehendes, etwas Umfassendes. *Universelles Leben* bedeutet: Die Umsetzung der Hoheitslehre der Bergpredigt in allen Lebensbereichen, wozu auch das Arbeitsleben gehört.

Bereits Ende 1983 hatten sich einige Nachfolger des Jesus von Nazareth zusammengeschlossen, um gemeinsam Betriebe aufzubauen, in denen die Bergpredigt im Mittelpunkt stehen sollte. Es begann mit einem vegetarischen Restaurant in Würzburgs Innenstadt und mit einem Bauernhof 40 km außerhalb der Stadt, der fortan ohne Agrargifte und Kunstdünger, aber auch ohne Mist und Gülle bewirtschaftet wurde.[4]

Kreativ für das große Ganze

In den darauf folgenden Jahren entstanden zahlreiche weitere von Nachfolgern des Jesus von Nazareth geführte Betriebe und Einrichtungen: Bauernhöfe, Mühle,

Bäckerei, Konditorei, vegetarisch-vegane Feinkostverarbeitung, Märkte und Verkaufsläden, Schule, Kindergärten, Altenheime, Sozialstationen, eine Naturheilklinik, Handwerksbetriebe und einiges mehr. Jeder dieser Betriebe wirtschaftet eigenständig, gehört also nicht dem Universellen Leben an und unterliegt auch keinerlei Weisungen von außen.

Der Aufbau dieser Betriebe und Einrichtungen lag und liegt zwar nicht im Auftrag Gabrieles – sie brachte und bringt die Lehre aus den Himmeln für alle Lebensbereiche, in allen Details. Die Umsetzung dieser Lehre in allen Bereichen des menschlichen Lebens hingegen obliegt den Söhnen Gottes. Es ist ihr Auftrag aus den Himmeln, für den sie ausgegangen sind.[5)] Dennoch gab und gibt die Botschafterin Gottes auch hier unermüdlich Ideen und Anregungen für alle, die dafür offen sind. Was jeder allerdings von diesen Anregungen umsetzt und wie er dies tut, das liegt nicht in der Verantwortung Gabrieles.

Über mehrere Jahre hinweg schulte sie alle Mitarbeiter der Betriebe, die daran Interesse hatten, wie die Gesetze der Bergpredigt im Miteinander und Füreinander eines Betriebes und im Umgang mit den Kunden und Patienten umgesetzt werden können.[6] Und darüber hinaus gehen unzählige Details des konkreten Betriebsalltags auf ihre unerschöpfliche und wahrlich staunenswerte Kreativität zurück: Ob es die wechselnde Farbgebung an Marktständen im Verlauf der Jahreszeiten ist, die Gestaltung von Schulmöbeln oder die Anregung für die Landwirte, einen Teil der Ernte auf den Feldern stehen zu lassen, damit die Tiere des Feldes nicht plötzlich ohne Schutz und Nahrung dastehen – Gabriele gibt immer wieder wertvolle Tipps, in welche Richtung es gehen könnte. „Das könnte man mal probieren – was meint ihr?", heißt es dann. Und wer es ausprobiert, ist gut beraten, gleich, ob es um die Entwicklung eleganter Kleidung, um gehobene Innenarchitektur oder die schonende Bearbeitung von Feldern geht. [7]

Und doch ist das, was bisher von all den Anregungen umgesetzt wurde, nur ein Bruchteil dessen, was möglich wäre. Am augenfälligsten wird dies auf dem Gebiet der Architektur. In dem Buch „Das Wirken des Christus Gottes und der göttlichen Weisheit" [8] sind zahlreiche Skizzen und Zeichnungen von Gebäuden abgebildet, die auf Anregungen Gabrieles zurückgehen: Wohnhäuser, Kindergärten, Seniorenwohnheime, landwirtschaftliche Anwesen, Kauf- und Speisehäuser, Versammlungsgebäude ... alles mit geschwungenen, naturnahen und gleichzeitig höchst eleganten Formen. Spätestens da ist es mit Händen zu greifen: Hier ist nicht nur ein Genie mit einer immensen Bandbreite an Begabungen und Talenten am Werk. Hier bringt ein Mensch Ideen, ja ganze Konzepte auf diese Erde, die direkt der himmlischen Sphäre entstammen und nun – schwierig genug! – von den sieben Dimensionen des Himmels in die drei Dimensionen der Materie „übersetzt" werden.

Hier sei noch einmal darauf hingewiesen: Gabriele ist quasi eine Dolmetscherin Gottes. Sie übersetzt die Lichtsprache der reinen Himmel in die Sprache der Menschen, ähnlich einem irdischen Dolmetscher, der z.B. vom Chinesischen ins Deutsche übersetzt. Dem irdischen Dolmetscher glauben die Menschen und vertrauen auf die richtige Übersetzung. Warum glauben nur wenige Menschen der Übersetzung der Lichtsprache Gottes durch Seine Prophetin und erfassen deren Inhalt?

Doch um alles, was vom Gottesgeist offenbart wurde, nicht nur auf der Materie sichtbar werden zu lassen, sondern auch mit geistigem Leben zu erfüllen, bedarf es der Menschen, die nicht nur erkennen, welch großer Schatz hier zum Wohle der gesamten Menschheit zu heben ist, sondern die auch in sich, in ihrem Leben, die

Voraussetzungen dafür schaffen, dass der Geist Gottes mehr und mehr durch sie wirken kann für das große Ziel: das Reich Gottes, das Reich des Friedens, Schritt für Schritt vom Himmel auf die Erde herunterzuholen. Hier musste Gabriele immer wieder erleben, dass Menschen sich nach anfänglicher Begeisterung wieder abwandten, und dass auch diejenigen, die dabeibleiben, oft genug weiterhin an ihren allzumenschlichen Problemen herumlaborieren, anstatt konsequent Ordnung in ihrem Leben zu machen und den Willen Gottes zu erfüllen, den jeder Mensch durch ein gottbewusstes Leben in sich erschließen kann.

Botschafterin und Lehrprophetin Gottes

Die Prophetin und Botschafterin Gottes steht in beständiger Kommunikation mit der göttlich-geistigen Welt. Deshalb wird ihr die Diskrepanz zwischen dem, was ist, und dem, was möglich wäre, schmerzhafter als jedem anderen bewusst. Und man darf nicht vergessen: Sie ist auch Mensch; sie ist Schwester unter Geschwistern und muss diese Kluft tagtäglich verarbeiten. Wer ihr hilfsbereites Wesen kennt, der weiß, dass sie immer bereit ist, zu helfen und mit anzupacken, wo ihre Hilfe angenommen und erwünscht ist. Doch wer, auch in ihrer Umgebung, erfasst wirklich, welcher Schatz als Mensch unter uns lebt? Gabriele ist nicht Prophetin allein, also Wortträgerin des Geistes Gottes. Sie ist eine Lehrprophetin, durch die der Christus-Gottes-Geist die gesamte Fülle des geistigen Wissens der Himmel auf diese Erde zu bringen vermag.

Gottespropheten gab es im Verlauf der Menschheitsgeschichte immer wieder, doch die Mehrzahl von ihnen schöpfte mehr oder weniger aus dem, was der Gottesgeist durch andere Propheten bereits gegeben hatte; sie werden auch als „Künderpropheten" bezeichnet. Gabriele ist jedoch nicht nur Lehrprophetin Gottes und der größte Prophet seit Jesus von Nazareth, sie ist gleichzeitig auch Botschafterin Gottes.

Was bedeutet das? In einem Nachwort zu dem großen Offenbarungswerk „Das ist Mein Wort" wird dies näher erläutert:

„Durch Lehrpropheten, die zu den großen Zeitenwenden auftreten, verankert der ewige Geist nicht nur das geistige Gut im Bewusstsein der Menschen, das schon vorher offenbart worden war, sondern Er gibt weiterführende und höhere Gesetzmäßigkeiten sowie Aspekte des heili-

gen Urgesetzes. Der Lehrprophet bringt also detailliert die Gesetze Gottes, und er legt diese auch aus. Durch ihn lehrt der Geist Gottes die Menschen den Inneren Weg zurück in die ewige Heimat, von wo einst jede Seele ausgegangen ist. Durch den Lehrpropheten lehrt Gott stets geistiges Gut, welches über das bisher Bekannte hinausgeht. ...

Dadurch wird der Lehrprophet der Botschafter Gottes, der aus seinem erschlossenen und mit dem Göttlichen eins gewordenen Bewusstsein schöpft. Er sieht nicht mehr die Dinge oder die Menschen, wie sie scheinen, sondern er schaut die Dinge, Geschehnisse und Menschen, wie sie sind. Er schaut allem, was ist, auf den Grund. ...

Lehrpropheten haben also – zusätzlich zu dem Auftrag, Gottes unmittelbare Posaune zu sein – die Aufgabe, ihre Mitmenschen in allen Gesetzen des geistigen Lebens zu unterweisen und ihnen in allen Fragen des Inneren Lebens zur Seite zu stehen. Daher musste unsere Schwester Gabriele vieles selbst erleiden, erfahren, durchleiden und überwinden – über mehrere Erdenleben hinweg –, damit sie die Menschen verstehen und ihnen den rechten Weg weisen kann." [9]

Es war und ist für Gabriele bis heute nicht nachvollziehbar, dass dieses geistige Potenzial, das sie sich über einen Leidensweg vieler Inkarnationen hindurch erarbeitet hat, von ihren Mitmenschen nur zum Teil genutzt wurde und wird. In dem soeben zitierten Offenbarungswerk „Das ist Mein Wort" offenbart sich Christus, indem Er gleichsam aus der Zukunft heraus die Gegenwart beleuchtet, und Er spricht hierzu Folgendes:

„Die ersten Pioniere für die Neue Zeit erkannten das große Licht, das unter ihnen lebte, noch nicht, weil sich der einverleibte Teilstrahl der göttlichen Weisheit als Schwester unter Geschwistern gab, ohne sich hervorzutun. Diese schlichte Geschwisterlichkeit, die einer großen Demut und Ehrfurcht vor Gott entsprang, bewirkte sodann auch unter einigen der Pioniere die echte Geschwisterlichkeit. Für sie war die hohe Lichtträgerin eine Schwester, die sie in jeder Lebenslage und Situation beraten konnte, weil ihr geistiger Leib eins mit Gott, dem Leben, war." [10]

Als treues Instrument des Christus Gottes brachte und bringt Gabriele dennoch immer wieder Neues auf diese Erde, einen Baustein des Inneren Lebens nach dem anderen. So gründete Christus durch sie im Jahr 1987 in Würzburg die Urgemeinde Neues Jerusalem, aus der dann 1989 die Bundgemeinde Neues Jerusalem entstand: Die Glieder der Gemeinde schlossen einen neuen Bund mit Gott. Aufgabe dieser Gemeinde war es, ein

Forum zu bilden, in dem alle wesentlichen Belange des Werkes des Herrn besprochen und entschieden werden konnten.

Über viele Jahre hinweg baute Gabriele auch dieses neue Projekt unermüdlich mit auf, gab ungezählte Offenbarungen des Christus-Gottes-Geistes und schulte die Gemeinde in den Gesetzmäßigkeiten Inneren Lebens. Doch auch hier musste sie erleben, dass es immer wieder innere Kämpfe gab, weil viele „Geschwister" nicht wirklich bereit waren, ihr geistiges Bewusstsein auf dem Weg nach Innen hinreichend zu erweitern, so dass sie diese große Verantwortung tragen konnten.[11] Immer wieder verließen auch Menschen das Werk des Herrn, weil sie ihre persönlichen Vorstellungen weiter pflegen und um jeden Preis durchsetzen wollten. Einige von ihnen ließen sich anschließend von Kirchenvertretern zusätzlich zu Verleumdungskampagnen missbrauchen.[12] Für Gabriele, die in jedem Menschen das Positive sieht, bejaht und nach Kräften unterstützt, waren dies jedes Mal sehr traurige Erfahrungen. Denn sie weiß um das Gesetz von Ursache und Wirkung, das manche, die das Werk des Herrn verlassen haben, so leichtfertig ausblenden. Sie weiß auch, was jeder Einzelne von seinem inneren Potenzial her für das Werk des Herrn noch an Positivem hätte bewirken können.

Bösartige Angriffe

Zu den Schwierigkeiten im Inneren des Christus-Gottes-Werkes kamen, vor allem in den Anfangsjahren, ständige Angriffe von außen. In ausgesprochen bösartiger Weise versuchten und versuchen Verfolgungsexperten der Kirchen, durch Verleumdungen und Meinungslügen die Öffentlichkeit gegen die urchristlichen „Ketzer" regelrecht aufzuhetzen. Und ganz besonders zielten die Angriffe auf das Instrument Gottes, auf Gabriele, ab.[13)] Bereits wenige Monate nach dem Durchbruch des Inneren Wortes wurde Gabriele von der Geistigen Welt darüber aufgeklärt: Man werde sie in aller Öffentlichkeit verleumden, verhöhnen und verspotten. Sie hatte dazu ja gesagt – doch als die Hetzkampagnen wenige Jahre später dann tatsächlich einsetzten, musste der Mensch Gabriele diese abgrundtiefen Boshaftigkeiten und diese ständigen Ungerechtigkeiten erst einmal verarbeiten. Zeitweise haderte sie mit Gott, weil Er diese Ungerechtigkeit zuließ: Dass ein unschuldiger Mensch auf Geheiß der sich „christlich" nennenden Kirchen derart verleumdet, verhöhnt und verspottet wird, bis hin zum Rufmord, weil er sich für Christus einsetzt.

Natürlich hatte Gabriele die Hilfe der geistigen Welt ständig an ihrer Seite, die ihr immer wieder half, genau richtig zu reagieren – wobei allerdings die Möglichkeiten einer angemessenen Reaktion aufgrund der Medienmacht der Kirchen und der Kirchenhörigkeit der meisten Medienvertreter nur sehr begrenzt waren. Immer wieder gingen die Nachfolger des Nazareners aber auch in die Offensive, schrieben z.B. öffentliche Briefe an Päpste, Bischöfe und Politiker. Dennoch blieben die verleumderischen Angriffe über Jahre hinweg unverändert heftig, steigerten sich sogar noch einmal in den Jahren vor der Jahrtausendwende, als in einem regelrecht diabolischen Trommelfeuer die Nachfolger des Nazareners und allen voran Gabriele von kirchlichen Verunglimpfungsexperten in den Medien als „Endzeitapostel" verhöhnt wurden.

Gabriele musste über die Jahre hinweg aber auch erleben, wie die zahllosen frühzeitig erfolgten Warnungen des Christus-Gottes-Geistes vor der drohenden Klimakatastrophe auf Betreiben der Kirchen fast ungehört verhallten und das weltweite Verhängnis mit allen seinen Auswirkungen für zukünftige Generationen seinen Lauf nahm. [14]

Doch trotz all dieser heftigen Angriffe kommt Gabriele in der Rückschau zu dem Schluss:

„Die Vertreter der Institution Kirche verhalfen mir zur inneren Stärke und zur Standhaftigkeit im Werk des Herrn."

Das Füllhorn der göttlichen Weisheit

Es grenzt an ein Wunder, was Gabriele trotz dieser vielen Anfechtungen und Kämpfe über die Jahre hinweg an Schätzen auf diese Erde brachte und bringt: Ungezählte Botschaften aus dem All, in denen sich wahrlich der Himmel zur Erde neigt. So offenbarte sich Christus durch Gabriele in einer ganzen Reihe von Christus-Heilstrahlungen, während Er in der Atmosphäre über dem Planeten Erde stand, und Er regte durch Seine göttliche Offenbarung die Selbstheilungskräfte im Menschen an. Daran schloss sich später eine weitere Serie von Vorträgen an, die Gabriele aus ihrem erschlossenen Bewusstsein formulierte, mit dem Titel: „Das Urlicht für alle Menschen". Gabriele klärt hierin über die möglichen seelischen Ursachen von Krankheiten auf und über den Weg zu deren Bereinigung. All diese und viele weitere Perlen aus der göttlichen Weisheit wurden und werden weltweit über Radiosender ausgestrahlt. Seit einigen Jahren gehen die Botschaften aus dem All auch über Fernsehsender hinaus in alle Welt. Wann in der langen Geschichte der Menschheit konnten jemals so viele Menschen die Botschaft aus den Himmeln vernehmen? Wir leben wahrhaftig in einer einmaligen Zeit, die nie wieder kommen wird!

Alles, was wir von den wahren, großen Gottespropheten der alten Zeit wissen, wurde durch Dritte überliefert. Von keinem der großen Gottespropheten wie Abraham, Mose, Jesaja, Hosea, Jeremias ist etwas Schriftliches aus erster Hand erhalten. Auch nicht von Jesus von Nazareth. Was Gott durch sie gesprochen hat, wurde oft Jahre und Jahrzehnte später aufgezeichnet, zum Teil durch das Bewusstsein derjenigen gefärbt, die das Wort überliefert und niedergeschrieben haben. Teilweise wurde das Wort Gottes auch verfälscht. Insbesondere Mose wurden durch die Priester Aussagen zugeschrieben, die zu dem Wort Gottes, zu den Zehn Geboten, in absolutem Gegensatz stehen.

Umso einmaliger und kostbarer ist es, dass das göttlich-geistige Gut, das seit über 36 Jahren aus der geistigen Welt durch Gabriele der Menschheit geschenkt wurde und wird, authentisch und zu ihren Lebzeiten Wort für Wort und unverfälscht gegeben ist. Unablässig strömt aus dem Urquell des Seins die Weisheit Gottes durch Gabriele in allen Facetten in diese Welt: Wegweisungen und Hilfen für alle Lebensbereiche, Aufklärung, Meditationen, Andachten und Verinnerlichungen, Einblicke in das Schöpfungsgeschehen, in die großen kosmischen Zusammenhänge und, und, und – die ewige Wahrheit. Christus hat wahr gemacht, was Er als Jesus von Nazareth versprochen hat: „*Noch vieles habe Ich euch zu sagen, aber ihr könnt es jetzt nicht tragen. Wenn aber jener kommt, der Geist der Wahrheit, wird er euch in die ganze Wahrheit führen. Denn er wird nicht aus sich selbst heraus reden, sondern er wird sagen, was er hört, und euch verkünden, was kommen wird.*"

Diese Gaben aus dem Gottesgeist sind in Radio- und Fernsehsendungen, in Büchern sowie auf Tonträgern und DVDs festgehalten. Durch die unzähligen Sendungen und Bücher erfahren immer mehr Menschen weltweit, was es bedeutet, in einer Zeit zu leben, in der Gott, der Ewige, eine große Gottesprophetin, die zugleich Lehrprophetin ist, gesandt hat. Sie wollen mehr wissen über den Schatz der Himmel und beginnen, diesen in seinem wahren Wert zu schätzen. Um dem göttlich-geistigen Gut eine Stätte zu errichten, in der sich Menschen aus allen Kulturen, in allen Sprachen über das unverfälschte Wort Gottes unmittelbar informieren können, wurde die *Sophia Bibliothek – Der freie Geist – Das Wort in Schrift, Ton und Bild* ins Leben gerufen.

In ihr sind Gottes-Offenbarungen, sämtliche Bücher Gabrieles, aber auch geistige Radio- und Fernsehsendungen, Meditationen sowie die Anregungen für alle

Bereiche des Lebens aus der göttlich-geistigen Welt zugänglich gemacht. Menschen aus allen Kulturen haben hier die Möglichkeit, sich mittels DVDs und Tonträgern in allen Sprachen über das Wort Gottes in unserer Zeit zu informieren. Mit der Sophia Bibliothek wird das Licht auf den Scheffel gestellt und – trotz der Totschweige-Praxis der Institutionen Kirche im Verbund mit den ihr hörigen Medien – die geistige Fackel der ewigen Wahrheit unter die Menschen gebracht.

Nicht nur der geistige Inhalt der Sophia Bibliothek, die das Lebenswerk Gabrieles in der ganzen Fülle wiedergibt, auch die Gestaltung der Sophia Bibliothek gibt Zeugnis ihrer ungewöhnlichen Kreativität. Von der ersten gestalterischen Idee bis zur Fertigstellung vergingen gerade einmal sechs Wochen intensiver Zusammenarbeit mit den Architekten und den Bauleuten sowie vielen Handwerkern der Internationalen Gabriele-Stiftung, die Hand in Hand, Schritt für Schritt, das Bauvorhaben in dieser kurzen Zeit umsetzten. Auch hier war Gabriele die Meisterin der Ideenschmiede. Täglich kamen neue Ideen dazu, die in das vorhandene Konzept eingearbeitet wurden. Gabriele ließ es sich nicht nehmen, bei Baulärm und Abbrucharbeiten mitten in der Baustelle zu stehen, um Lösungen herauszuarbeiten, wie aus dem Vorhandenen oft mit einfachen Mitteln etwas Schönes, etwas Gehobenes gestaltet werden konnte.

Im Äußeren entstand so in sehr kurzer Zeit die Sophia Bibliothek, doch ihr Inhalt ist das Wort des Ewigen. Sie ist das geistige Zentrum des Ewigen für die Welt.

Eine Gebets- und Meditations-Oase und *Das stille Kämmerlein zur inneren Sammlung* laden jeden Besucher ein, sich in voller Freiheit von jeglicher äußerer Religion, Dem zuzuwenden, Der in jedem Menschen wohnt: Gott – der Ewige.

Trotz eines anstrengenden Tagesablaufs gelang und gelingt es Gabriele aufgrund ihrer bewundernswerten Disziplin und Zielstrebigkeit immer wieder, auch an Büchern zu arbeiten. Mehr als hundert Titel entstammen inzwischen ihrer Feder. Ein Überblick über das thematisch und inhaltlich immense Schriftwerk findet sich bereits an anderer Stelle.[15)] Das wohl bedeutendste Buch Gabrieles, das mehr als 1000 Seiten umfassende grundlegende Offenbarungswerk „Das ist Mein Wort", schrieb sie nieder, obwohl das aus Sicht der göttlich-geistigen Welt ursprünglich gar nicht ihre Aufgabe gewesen wäre. Drei Mitstreiter im Heimholungswerk Jesu Christi hatten den Auftrag erhalten, die mit vielen menschlichen Vorstellungen durchzogene Bibel der Kirchen aus der Sicht der Lehre des Christus-Gottes-Geistes zu ergänzen. Weil sie dies aber aufgrund persönlicher Schwierigkeiten nicht angingen und erfüllten, übernahm Gabriele diese Aufgabe, und der Christus Gottes offenbarte durch sie dieses einzigartige Werk mit einer historischen Bedeutung, die weit in kommende Generationen hineinreicht.

Dieses Verhalten zeigt beispielhaft Gabrieles Charakterstärke und Einsatzbereitschaft. Über viele Jahre hinweg wurde sie in ihrer Sorge um das Werk des Christus Gottes weitgehend alleingelassen, weil kaum jemand wirklich bereit war, die Verantwortung mitzutragen und alle Sorgen und Kümmernisse, die dabei entstanden, mit ihr zu teilen.

Gabriele lebt nach den geistig-göttlichen Gesetzmäßigkeiten, zu denen auch die Prinzipien der Gleichheit, Freiheit, Einheit, Brüderlichkeit und Gerechtigkeit gehören. Sie ist frei, offen und natürlich und behandelt jeden ihrer Nächsten gleich. Ihr ist ein feiner Humor eigen, und sie ist frei von jeglichem menschlichen Gehabe. Mit ihrem erschlossenen Bewusstsein erfasst sie sowohl die Situationen als auch die Menschen, die auf sie zukommen. Stellt jemand eine Frage, so wägt sie in Sekundenbruchteilen ab, was ihr Nächster zu erfassen in der Lage ist und gibt eine entsprechende Antwort.

Gabriele durchschaut aber auch die Masken und Täuschungsmanöver vieler ihrer Mitmenschen, die bewusst oder unbewusst – in jedem Fall aber erfolglos – etwas zu verbergen versuchen und sich deshalb oft in ihrer Gegenwart nicht unbefangen verhalten können.

Die Verbreitung des Wortes Gottes durch Radio- und Fernsehstationen

Es begann Ende der 80er Jahre, Anfang der 90er Jahre des vergangenen Jahrhunderts. Immer mehr Menschen wurden aufmerksam auf den sich offenbarenden Gottesgeist und die göttlich-geistigen Schulungen durch Seine Prophetin, Gabriele. Daraus erwuchs der Wunsch, das Wort Gottes möge nicht nur in Veranstaltungen zu hören sein, sondern das Wort der Himmel möge auch über Radiostationen Verbreitung finden.

Es gab damals noch keine produzierten Radiosendungen, sondern nur einfache Aufnahmen der Gespräche und geistigen Schulungen, die durch Gabriele bei Treffen der Inneren Geist=Christus-Kirche in Würzburg „live" gegeben worden waren. Diese Treffen fanden einmal in der Woche am Sonntagvormittag statt. Per Telefon wurden sie „live" im deutschsprachigen Raum und in einige Länder Europas, Nord- und Südamerikas mit den entsprechenden Simultanübersetzungen übertragen. Oftmals gab Gabriele göttliche Offenbarungen, über eine Stunde lang, in Gegenwart von vielen Hundert interessierten Hörern im Saal in Würzburg und vielen angeschlossenen Orten. So begann die Technik regelmäßige Aufzeichnungen zu machen, die später kopiert wurden.

Die Nachfrage war groß, und vor allem im Ausland kamen immer häufiger Journalisten oder Radio-Redakteure, die mehr über diese neue geistige Bewegung wissen wollten und Fragen über das Universelle Leben stellten. Die häufigsten Fragen betrafen das Prophetische Wort unserer Zeit, die Reinkarnation und das Leben nach dem Tod in Verbindung mit der Lehre des Christus Gottes.

Es gab damals in Würzburg ein für die Telefonübertragungen geeignetes Aufnahmestudio. In diesen Räumen begannen die ersten Radio-Interviews, zunächst wöchentlich und dann fast täglich, oft auch in der Nacht, aufgrund der Zeitverschiebung in den angeschlossenen Orten, so z.B. als Radio Antofagasta in Chile wöchentlich ein Live-Interview übertrug.

Der Gottesgeist offenbarte durch Gabriele, dass die Zeit kommen werde, in der immer mehr Radio- und TV-

Sender nach der Möglichkeit zur Ausstrahlung des geistigen Gutes fragen würden. Keiner der Beteiligten hätte damals von sich aus gewusst, wie dies geschehen sollte. Entscheidend wurde das Simultan-Übersetzen und gleichzeitige Kopieren der geistigen Schulungen von Gabriele in viele Sprachen – an jedem Sonntag. Auf dieser Basis begann nun eine regelmäßige Produktion mit Zusendung der Tonbandcassetten an viele Radiostationen weltweit.

Die Anzahl der interessierten Kanäle und Länder wuchs Woche für Woche, so dass 1993 schon ca. 300 Radiosender weltweit Schulungen von Gabriele oder göttliche Offenbarungen verbreiteten.

Gabriele war und ist als Lehrprophetin Gottes unermüdlich für den Christus-Gottes-Geist tätig. Damals gab sie Woche für Woche am Sonntag geistige Schulungen über die Gesetze Gottes. Da ist z.B. das „Absolute Gesetz" zu nennen, „Die großen kosmischen Lehren des Jesus von Nazareth an Seine Apostel und Jünger, die es fassen konnten. Das Leben der wahren gotterfüllten Menschen"; die Schulungen sind auch als als Buch in fünf Bänden und in mehreren Sprachen veröffentlicht. Am Dienstagabend gab es aus dem Studio die Direktübertragung einer Schulung des Inneren Weges, die auch

„live" über viele Radiostationen gleichzeitig oder zeitversetzt übertragen wurde. Am Mittwochabend lehrte Gabriele den Inneren Weg, die Stufen der Ordnung, des Willens und der Weisheit.

Darüber hinaus fand ein Ereignis statt, an das sich viele Menschen weltweit noch heute erinnern: Jeweils am Mittwoch in der Früh um 6.30 Uhr gab Gabriele göttliche Offenbarungen, „Christusstrahlungen", live über Radio. Diese Christusstrahlungen sind ein einzigartiger Schatz göttlich-geistigen Gutes aus der Quelle der ewigen Wahrheit, die oft über 80 Minuten dauerten. Gabriele war immer öfter im Studio. Sie sprach unter anderem eine der beliebtesten Sendereihen, nämlich die „Geistigen Hilfen für den Tag", Tagesgedanken für jeden Tag der Woche, für viele Monate. Diese Sendungen waren täglich über Radio oder per Telefon zu empfangen. Heute sind die „Geistigen Hilfen" per Internet oder im Fernsehen weltweit zu hören und zu sehen. Für diese Hilfen sind Tausende von Menschen dankbar, wie in vielen Briefen zu lesen ist, die die Redaktion oder die Radio- und Fernsehsender erreichen.

Im Jahr 1993 kam ein Kontakt mit der damals drittgrößten Radiostation der Welt, „The Voice of Russia", zustande. Dass die Frohbotschaft für eine europaweite Verbreitung des Wortes Gottes ausgerechnet aus dem „Osten" ausgestrahlt wurde, hätten viele nicht gedacht. Nachdem der Einfluss der Kirchen auf die Redaktionen eine Verbreitung in den deutschen Medien verhindert hatte, war es ein ganz besonderes Erlebnis, die Stimme Gabrieles über ganz Europa zu hören, mehrere Stunden wöchentlich über Mittel- und Kurzwelle, und auch die beliebten „Geistigen Hilfen für den Tag", täglich um 6.45 Uhr am Morgen.

Der Postverkehr nach Osten, ebenso die technischen Verhältnisse, waren damals nicht so einfach wie heute. Dies führte dazu, dass Tonbänder per Flugzeug nach Moskau gebracht wurden, um die neuen Sendungen rechtzeitig persönlich in der Sendezentrale auszuhändigen – mehr als 15 Jahre lang, bis die Fernsehstationen kamen. Auf diesem Weg wurden Tausende von Radiosendungen täglich in sieben Sprachen über Mittel- und Kurzwelle weltweit übertragen, und viele Menschen auch in fernen Ländern erfuhren von dem lebendigen Geist, dem nahen Gott, der auch heute zu uns spricht. Zwischen 1993 und 1996 empfing die Menschheit vom Christus-Gottes-Geist durch Gabriele regelmäßig über Radio noch 60 weitere göttliche Offenbarungen: das „Göttliche Prophetische Heilen". Jede zweite Woche kam Gabriele – ohne Manuskript – ins Studio und gab aus dem sogenannten „Studio C" dem Christus-Gottes-Geist die Möglichkeit, sich Millionen Menschen zu offenbaren und ihnen damit, insbesondere zum Thema der Heilung, wertvolle Hinweise und Führung zu übermitteln. Ohne die Hilfe eines Arztes auszuschließen, schenkte der Christus-Gottes-Geist in Seinem Wort Hilfen über Hilfen für die Selbsterkenntnis, die die Menschen zu der inneren Ursache einer Krankheit führt und die Wurzel der eigenen Verhaltensweisen finden lässt. Reue und gegenseitiges Vergeben, das Nicht-wieder-Tun der gleichen Fehler und das Wiedergutmachen sind zentrale Aspekte der Lehre des Christus-Gottes-Geistes in jeder Zeit. Damals wie heute können Menschen in ihrer Muttersprache durch das Prophetische Wort detaillierte Wegweisungen empfangen.

In diesen Jahren wuchs die Anzahl der Radiostationen weltweit enorm; es gab bis zu 500 Sender in 60 Ländern, mit einer Summe von über 50.000 ausgestrahlten Sendungen jährlich. Im Jahr 2011 waren es ca. 900 Radiostationen mit einer regelmäßigen Ausstrahlung von ca. 80.000 Sendungen im Jahr.

Die ersten Fernsehsendungen 2006:
Durch die weltweiten Kontakte zu Radios, die oft in Verbindung mit TV-Stationen wirkten, ging es über-

raschend schnell. Am Beginn wurden bebilderte Meditationen oder bebilderte Radiosendungen angeboten. Die ersten TV-Ausstrahlungen dieser Art waren neu und interessant für die Sender und öffneten die Tür für weitere Produktionen. Die Anfrage war groß, und kurz darauf war das Radio-Studio in Würzburg für TV-Produktionen zu klein geworden. Eine junge Mannschaft von Technikern und Übersetzern widmete sich dieser Aufgabe mit großer Begeisterung und versuchte, das umfangreiche Werk von Gabriele ins TV-Format zu bringen – und es ging los! Die Dolmetscher kamen kaum nach, die vielen Ideen und Sendungen, die Gabriele schrieb, zu übersetzen. Gabriele ist so enorm schöpferisch, dass die schnellsten Techniker und Dolmetscher den „Rhythmus" nicht immer halten können, und heute ist es genauso!

Im Jahr 2011 strahlen über 800 TV-Kanäle weltweit in über 60 Ländern ca. 50.000 Sendungen aus – Themen über die Bergpredigt Jesu oder auch über Tiere und die Natur. Es sind rund um den Globus nationale Sender, aber auch regionale Sender, die regelmäßig DVDs für ihr Programm bekommen.

So kann man sagen, dass inzwischen weltweit viele Millionen Menschen vom Gottesgeist, dem freien Geist, erfahren haben – und es geht weiter. Sobald es eine gewisse Zahl an TV-Produktionen gab, ging der Gottesgeist einen weiteren Schritt voran: Gabriele fragte, ob wir, die Nachfolger des Nazareners, so weit wären, einen unabhängien Sender aufzubauen, den „Sender Neu Jerusalem", um die Sendungen rund um die Uhr für alle Menschen zugänglich zu machen!

Der Sender wurde in Europa lizenziert und strahlt von dort seit 2008 europaweit über Satellit aus. Kurz danach begann ein zweiter neuer Satelliten-Sender mit dem Namen „Erde und Mensch" in mehreren Sprachen die Ausstrahlung von Sendungen mit ethisch-moralischen Werten als Schwerpunkt.

Bereits ein Jahr später begann über Astra digital und nun auch auf mehreren Kabel-Kanälen ein weiterer Sender „Die Neue Zeit TV", unabhängige Sendungen aus geistiger Sicht rund um die Uhr auszustrahlen, z.B. die Sendereihe „Lebensschule zur Lebensbemeisterung – der Weg zum Kosmischen Bewusstsein".

Auch die „Reportagen vom Land des Friedens", eine einmalige Serie von Dokumentationen über das Wirken der Internationalen Gabriele-Stiftung auf dem Land des Friedens in Deutschland, wo Mensch, Natur und Tiere in Einheit und Frieden miteinander leben, sind im Programm all dieser 800 TV-Kanäle weltweit.

Seit dem Jahr 2010 trägt ein weiterer Sender, der in Deutschland lizenziert wurde und über Astra digital frei zu empfangen ist, das Wort Gottes hinaus zu allen Menschen: „Sophia TV". Der Name „Sophia" steht für die göttliche Weisheit – und es handelt sich um jene Lehre, die Jesus von Nazareth den Menschen schon vor 2000 Jahren versprochen hatte mit den Worten: *„Noch vieles habe Ich euch zu sagen, aber ihr könnt es jetzt nicht tragen. Wenn aber jener kommt, der Geist der Wahrheit, wird er euch in die ganze Wahrheit führen. Denn er wird nicht aus sich selbst heraus reden, sondern er wird sagen, was er hört, und euch verkünden, was kommen wird."*

Alles, was in diesen Jahren über den Gottesgeist durch Gabriele offenbart wurde, hat sich inzwischen in der Realität verwirklicht. Auch wenn die Menschen schwere Zeiten erleben – das Wort des Lebens ist zu uns gekommen und wirkt weiter. Unermüdlich, Tag für Tag, hat Gabriele ihr Ja zu Gott als Sein Instrument gehalten und hat damit wahrgemacht, was Jesus uns vor 2000 Jahren in Seiner Prophezeiung für die Zukunft vorausgesagt hat. Die Zukunft, das neue Zeitalter des Christus Gottes, ist somit angebrochen.

Der Bund mit den Tieren

Sieht man die Sicherheit und Zielstrebigkeit, mit der Gabriele neue Aufgaben angeht, so vergisst man leicht, dass Gabriele nichts von ihren erstaunlichen Fähigkeiten einfach in den Schoß fiel. Auch sie musste sich, wie bereits erwähnt, alles Schritt für Schritt erarbeiten, so wie jeder andere Mensch auch. Dies zeigt sich besonders dann, wenn Neues ansteht – wie etwa zur Jahrtausendwende, als Gabriele damit begann, das Fundament für das Friedensreich Jesu Christi auf dieser Erde im Äußeren sichtbar werden zu lassen. Gott, der Ewige, offenbarte im Jahr 1999, dass Er einen neuen Bund mit den Tieren schließt, der schon im Alten Testament durch den Gottespropheten Hosea angekündigt worden war: *„Ich schließe für Israel an jenem Tag einen Bund mit den Tieren des Feldes und den Vögeln des Himmels und mit allem, was auf dem Erdboden kriecht. Ich zerbreche Bogen und Schwert; es gibt keinen Krieg mehr im Land; Ich lasse sie Ruhe und Sicherheit finden." (Hos 2,20)*

Gabriele erwies sich beim Aufbau des Landes des Friedens in der Nähe von Würzburg nicht nur als geniale Landschaftsgestalterin, die mit ihren Anregungen inmitten einer Agrarwüste das mittlerweile größte private

Biotopverbundsystem Mitteleuropas mit einer einzigartigen Artenvielfalt entscheidend prägte. Sie leistete auch Pionierarbeit auf einem Gebiet, in dem sie bis dahin nur wenig persönliche Erfahrung hatte: bei der behutsamen Kontaktaufnahme mit sogenannten Wildtieren.

In der Broschüre „Der große Gabriele-Brief Nr. 4" beschreibt sie, wie sie dabei Schritt für Schritt vorging. Zunächst stimmt sie uns mit einigen grundsätzlichen Gedanken auf das Thema ein:

Jedes Tier ist für sich ein wunderbares Geschöpf aus Gottes Hand – von Gott gegeben, damit wir Menschen die Einheit wiederfinden, die das Gesetz des Lebens ist. ... Man muss lernen, die Tiere zu verstehen. Dann erst lernt man sich selbst als Geschöpf Gottes kennen. Jede Tiergattung hat einen Entwicklungsstand, den ich Bewusstseinsstand nennen möchte. ... Die Sprache der Tiere kann der Mensch nur mit dem Herzen wahrnehmen – nicht mit dem physischen Herzen, sondern mit dem Herzen der Seele, mit dem Urgrund allen Seins, mit der Schöpferkraft, die wir auch den Wesenskern nennen. Die Sprache des Herzens der Seele ist die Sprache der Einheit.
Tiere sind keine Fallwesen wie die Menschen. Sie reagieren entsprechend ihrem Bewusstseinsstand, außer der Mensch greift in ihr Leben ein, was oft geschieht. Dadurch

haben die Tiere zum Menschen ein nicht gerade harmonisches Verhältnis. Z.B. ergreifen die Waldtiere die Flucht, wenn sie Menschen sehen. Die Angst vor Menschen macht sie teilweise aggressiv. Tiere sehen im Menschen den Feind, den Jäger, der ihnen nichts als den Tod bringt.

Liebe Freunde, in diesem Brief möchte ich von eigenen Erlebnissen berichten, die mein Herz immer höher schlagen lassen, denn die Geschöpfe des Lebens sind wunderbare Wesen. Die Tiere haben eine für sich und ihre Artgenossen besondere Ethik und Moral. Jeder Mensch könnte von den Tieren lernen, wenn er wollte! ...

Die Freundschaft zwischen Mensch und Tier muss mit viel Ausdauer, Liebe und Verständnis, ja, mit dem Herzen errungen werden. Wie sagt der „Kleine Prinz"? „Man sieht nur mit dem Herzen gut." Im Wald, bei den Tieren, habe ich unter anderem gelernt: Man hört und fühlt nur mit dem Herzen gut.

Gehe ich in den Wald, so ist es, als begegnete ich alten Freunden, die ich von Urbeginn der Schöpfung her kenne. Der Wald mit seinen Bäumen und Sträuchern, die Felder mit ihren Gräsern und Blumen und mit der gesamten Tierwelt sind mir zur Heimat geworden. [16]

Kontaktaufnahme mit unseren Mitgeschöpfen, den Tieren

Doch Gabriele musste bei ihren Besuchen bei den Tieren zunächst feststellen, „dass es noch ein langer Weg ist, bis Mensch und Tier wieder Freunde werden". Denn allzu lange hat die Natur unter den Menschen gelitten; es bedarf der Geduld, sich ihr wieder anzunähern. Und es bedarf einer besonderen inneren Einstellung, die Gabriele so in Worte fasst:

Die ersten Schritte in den Wald zu meinen Freunden waren von meiner persönlichen Vorgabe geprägt, innere und äußere Disziplin zu wahren, keinerlei Ansprüche zu stellen und keine Erwartungshaltung zu haben. Ich gab mir Mühe, mich so zu verhalten, wie ich es mir vorgegeben habe: als Freund der Natur und der Tiere in den Wald zu gehen.[17)]

Gabriele beschreibt nun im Detail, welche Erfahrungen sie mit dieser Einstellung machte: Wie z.B. ein Zweig, der sich in ihrem Haar verfing, oder ein Stein, an den ihr Fuß stieß, ihr signalisierten, innezuhalten. Sobald sie jedoch begann, über das Erlebte nachzudenken, konnte sie die inneren Bilder, über die sich die Natur ihr mitteilte, nicht mehr erfassen:

Immer dann, wenn wir Menschen etwas erfragen oder gar mit dem Kopf erforschen wollen, lösen wir uns aus der Einheit heraus und bestimmen uns selbst. Mit dem Herzen zu hören heißt, still mit dem Herzen der Seele das wahrzunehmen, was der Kopf, der Verstand, nicht zu erfassen vermag.[18]

Pflanzen und Steine können nicht die Flucht ergreifen, wenn der Mensch, die „Krone der Schöpfung", sich nähert. Anders ist es bei den Tieren. Sogar vor Gabriele, die doch allen Tieren von Herzen zugetan ist, nahmen sie zunächst, so berichtet sie, mehr oder weniger Reißaus. Sie rechneten sie eben mit zu den „Zweibeinern", vor denen es sich generell in acht zu nehmen gilt. Erst als Gabriele auf die Idee kam, sich mit Hilfe eines langsam fahrenden Jeeps in einen „Vierbeiner" zu verwandeln, wurde es besser.

Vom stehenden Auto aus beobachteten Gabriele und ihre Begleiter nun immer mehr Tiere – doch sie erlebten auch hautnah die Witterung, der diese in der kalten Jahreszeit ausgesetzt sind. Normalerweise sagt der intellektuell geschulte Mensch, Tiere seien an die Witterung angepasst. Doch die Prophetin Gottes findet sich mit dieser Antwort nicht einfach ab: Hat nicht der Mensch bereits stark in die Natur eingegriffen? Er vertreibt die Tiere und jagt sie überall, wo er sie zu Gesicht bekommt. Kann das ohne Wirkung bleiben? Und während sie für die Tiere betet, kommt ihr eine Idee: Man könnte doch z.B. aus heruntergefallenen Ästen und Zweigen schützende „Iglus" für die Tiere bauen!

Hier zeigt sich einmal mehr die geistige Revolutionärin Gabriele. Sie findet sich nicht einfach mit dem ab, was „für gewöhnlich" gedacht und gesprochen wird: etwa, dass es ganz normal sei, dass alle Tiere vor den Menschen flüchten. Oder dass Tiere im Winter keine Hilfe bräuchten. Sie denkt und fragt einen Schritt weiter – und sie handelt.

Auf diese Weise, das beschreibt Gabriele in der erwähnten Schrift mit viel Humor, gelang es ihr auch mit der Zeit, direkten Kontakt zu sogenannten wildlebenden Tieren aufzunehmen. Sie erhielt dafür immer wieder Ratschläge aus der unsichtbaren, der göttlich-geistigen Welt – doch sie musste danach fragen, gemäß den Worten Jesu: „Klopfet an, und es wird euch aufgetan." Und Gabriele erhält Antwort über Antwort. Ihr auf beständiges Geben ausgerichtetes Wesen zeigt sich auch auf dem Land des Friedens, für das sie Hinweise gibt, wie die Landschaft so gestaltet werden kann, dass es mehr und mehr der Einheit zwischen Mensch, Natur

und Tieren entspricht. Oder wie z.B. einem der Wild-
oder Weidetiere geholfen werden kann, das gerade
krank ist.

Wie Gabriele „direkt" mit den verschiedenen Tieren
kommuniziert, berichtet ein Bruder aus der Erinnerung:
„Eines Abends ging Gabriele mit uns über das Land des
Friedens. Wir wurden von den Katzen begrüßt und
durften erst weitergehen, als wir sie ausreichend gestrei-
chelt hatten. (Es ist zu vermerken, dass sehr viele Katzen
auf dem Land wohnen, die aus gar misslichen Lebens-
umständen gerettet werden mussten.)
Am Weiher begrüßten uns die Graugänse, und einige
Wildenten flogen kurz auf. Wir kamen zur Weide der
schottischen Hochlandrinder. Diese Tierbrüder sind
mächtig in Gestalt und haben große Hörner, aber auch
sehr liebe Augen. In den Tagen zuvor mussten sie einan-
der vermehrt zeigen, wie groß und stark sie sind. Das
geschieht nicht nur in lebhaften Kämpfen, sondern auch
durch intensive „verbale" Äußerungen. So ein mächtiger
Stier hat einen gewaltigen Resonanzkörper, und seine
Rufe schallen unüberhörbar über das ganze Land.
Gabriele ging zu ihnen und ermahnte sie, doch friedlich
zu sein. Es standen gerade vier Stiere beieinander, von
denen zwei bereits sehr intensiv rauften. Gabriele

sprach zu ihnen, dass es doch nicht gut sei, so miteinander zu raufen und darüber hinaus bis spät in die Nacht zu brüllen – sie seien doch alle großartige Stiere und müssten sich doch eigentlich nichts beweisen.

Zwei der Stiere kamen auf Gabriele zu, sahen sie mit ihren großen Augen an, gingen auseinander und begannen zu grasen.

Die zwei anderen kämpften noch miteinander, und der Aufprall der Hörner war überdeutlich zu hören. Gabriele bat sie noch einmal, doch voneinander abzulassen – und siehe da: Sie drehten sich beide zu Gabriele um, ließen voneinander ab und gingen friedlich auf die Wiese.

Mit leisen, aber sehr eindringlichen Worten ermahnte Gabriele noch einmal die Stier-Brüder, doch etwas friedlicher zu sein und ihre Stimmen ein wenig zu mäßigen. – Dann gingen wir weiter. Während des ganzen Rundgangs hörten wir die Stiere nicht mehr und auch in der kommenden Nacht – so wurde uns berichtet – war es leise wie lange nicht.

Gabriele redet mit den Tieren, und sie verstehen sie, weil sie wissen, was sie für alle Tiere tut ..."

Über die Jahre hinweg sind Hunderte von Weidetieren – Schafe, Ziegen, Rinder und andere mehr – aus oft tierquälerischer Haltung befreit worden, damit sie auf dem Land des Friedens eine neue, sichere Heimat finden können. Und Gabriele setzt sich für sie ein. Über viele Jahre hinweg hat sie z.B. persönlich für Spendeneingänge gesorgt, indem sie Seminare für suchende Menschen abhielt und den Erlös direkt der Internationalen Gabriele-Stiftung weltweit zukommen ließ.

Was heute auf dem Land des Friedens sichtbar wird – ein über 20 km langes Biotop-Verbundsystem mit Bauminseln, Feucht- und Steinbiotopen, Weiden, Unterständen, Teichen, Vogelparadiesen, Ruhe-Inseln für Mensch und Tier, Ruhe-Hainen in den Wäldern für Wildtiere und einer malerischen Gestaltung der Gesamtlandschaft –, all dies musste Quadratmeter für Quadratmeter geradezu errungen werden. In einer durch die Häme und Hetze der Sektenbeauftragten im Verbund mit ihnen hörigen Journalisten feindlichen Umgebung war es sehr, sehr schwer, überhaupt Land zu erwerben. In dem durch und durch katholischen Umfeld hegte zwar so mancher insgeheim Sympathien für das Vorhaben der Internationalen Gabriele-Stiftung, aber das katholisch geprägte Umland, mit dem sich die Landbevölkerung solidarisieren musste, um in der Dorfgemeinschaft nicht gemieden zu werden, führte dazu, dass Feld für Feld, Waldstückchen für Waldstückchen oftmals nur mit großem Verhandlungsgeschick und enormem finanziellen Aufwand erworben werden konnte. Zielstrebigkeit und Ausdauer waren erforderlich, um weiteren Tieren ein Leben in Sicherheit und Frieden zu gewährleisten, die Natur zur Ruhe kommen zu lassen und sie von Gift, Mist und Gülle zu befreien. Dazu bedarf es zusammenhängender Landstücke, die sich durch die freie Entfaltung der Natur mit ihren Pflanzen und Tieren ganz allmählich wieder erholen können, um in die Einheit zu gelangen, deren Grundausstrahlung der Harmonie der Natur, der Friedfertigkeit und Arglosigkeit der Tiere entspricht. Bei all diesen oft nervenaufreibenden Prozessen war Gabriele stets die geniale Strategin, die immer wieder überraschende Maßnahmen ergriff in dem Bemühen, das Beste für Natur und Tiere zu bewirken.

Mit den Jahren wuchs das Vertrauen von vielen Freunden der Internationalen Gabriele-Stiftung weltweit, die über zahlreiche Fernsehstationen die regelmäßigen Berichte von dem Land des Friedens mit innerem Engagement mitverfolgen. Sie sehen und erleben das Tatwerk der Gottes- und Nächstenliebe gemäß der Lehre Jesu, der Bergpredigt. Ein internationales Kuratorium der Internationalen Gabriele-Stiftung wurde gegründet, deren Kuratoren aus vielen Ländern der Welt, insbesondere aus Afrika, regelmäßig zum Austausch und zur Schulung auf das Land des Friedens kommen.

Die Internationale Gabriele-Stiftung ist die Mutterstiftung in Deutschland. Die Besuche der Kuratoren aus vielen Ländern dieser Erde haben nun dazu geführt, dass erste „Tochterstiftungen" in Afrika gegründet wurden.

Das Ziel ist zum ersten, dass Land erworben wird, auf dem nach dem Vorbild in Deutschland der friedvolle Landbau begonnen wird, um Menschen in Afrika zur Selbstversorgung mit Lebensmitteln zu führen. Die Mutterstiftung hilft zunächst beim Landerwerb, bei der Lieferung von Saatgut und der Bereitstellung von Wasserpumpen für die Bewässerung der Felder. Werden Überschüsse erzeugt, so können mit dem Erlös z.B. Urwaldflächen zum Schutz der Tiere erworben werden, oder es werden Hecken und Waldstreifen zum Schutz der angelegten Felder gepflanzt. Dadurch finden immer mehr Menschen eine selbständige Lebensgrundlage, die Natur kann wieder aufatmen, und so manchem Tier wird eine schützende Heimstatt geschenkt.

Zugleich beginnen in verschiedenen afrikanischen Ländern die Kuratoren und die Freunde der Internationalen Gabriele-Stiftung mit der Suche nach Produkten, die aus Afrika zu den Betrieben der Mutterstiftung nach Deutschland geliefert werden können. Dadurch wird sich ein reger Handelsaustausch zwischen verschiedenen Gabriele-Stiftungen in Afrika und den Betrieben der Mutterstiftung in Deutschland entwickeln. Das führt einerseits zu einem fruchtbringenden Austausch zwischen der Mutterstiftung in Deutschland und den Tochterstiftungen in Afrika und bringt andererseits den Stiftungen in Afrika selbstverdiente Mittel, die wieder für Menschen, Tiere und Natur eingesetzt werden können.

Das ist die Verwirklichung der Bergpredigt Jesu in der Praxis für Mensch, Natur und Tiere. Die Welt würde es eventuell praktische Entwicklungshilfe nennen. Aber es ist viel mehr, denn durch die permanente Kommunikation zwischen den Menschen in Afrika und den Menschen in der Internationalen Gabriele-Stiftung in Deutschland, der Mutterstiftung, wird sich im Laufe der Zeit eine fruchtbare Zusammenarbeit zum Nutzen der beteiligten Länder ergeben. Darüber hinaus können die Pionierprojekte wegweisend für andere Länder und Kontinente werden.
So strahlt das Land des Friedens in Deutschland hinaus in viele Länder dieser Erde und wird zum Segen für Mensch, Natur und Tiere.

Heute bildet die Internationale Gabriele-Stiftung in Deutschland die Basis für das Land des Friedens. Die Internationalen Gabriele-Stiftungen erwerben unter anderem Urwälder, weil in ihnen viele Urwaldtiere leben. Auch sie sollen geschützt und bewahrt werden, denn sie verkörpern den freien Geist, den Schöpfergeist. Sie sollen im Urwald in Sicherheit leben.

Das alles und weit mehr geht einzig zurück auf die schon weit aufgebaute Internationale Gabriele-Stiftung auf dem Land des Friedens in Deutschland. Alles zusammengefasst ist das für unseren Planeten: die Hoffnung der Erde. Gabrieles unermüdliches Wirken begleitet den Aufbau der Internationalen Gabriele-Stiftungen in Afrika. Ihr Bestreben ist, dass von der Basis für das Land des Friedens, das Mutterland in Deutschland, die Strahlung aufgebaut wird, die weltumspannend Gleiches und Ähnliches anregt und fördert.

So hat Gabriele mit ihrem bewundernswerten Einsatz dafür gesorgt, dass auf einem kleinen Fleckchen Erde der Grundstein für das Reich des Friedens gelegt wurde, das im Kleinen äußere Gestalt annimmt und weiterhin aus- und aufgebaut wird. Noch ist es ein Tropfen auf den heißen Stein. Doch das größer werdende Land strahlt in die ganze Welt und regt Menschen in vielen

Ländern dieser Erde an, ihren Umgang mit der Natur, den Pflanzen und Tieren, ja mit der ganzen Schöpfung, zu verändern. Immer mehr Menschen erfassen die tiefe Bedeutung der Wiedergutmachung an Natur und Tieren. Die Strahlung, die auf dem noch kleinen Land, dem Mutterland der Gabriele-Stiftung, aufgebaut wird, nimmt Kommunikation auf zu der unbelasteten kosmischen Energie, die dem Erdplaneten gewissermaßen als Erdseele innewohnt. Mit der Wiederherstellung der Einheit aller Lebensformen entsteht ganz allmählich das, was schon durch den Gottespropheten Jesaja angekündigt wurde:

„Dann wohnt der Wolf beim Lamm, der Panther liegt beim Böcklein. Kalb und Löwe weiden zusammen, ein kleiner Knabe kann sie hüten. Kuh und Bärin freunden sich an, ihre Jungen liegen beieinander. Der Löwe isst Stroh wie das Rind. Der Säugling spielt vor dem Schlupfloch der Natter, das Kind streckt seine Hand in die Höhle der Schlange.

Man tut nichts Böses mehr und begeht kein Verbrechen auf Meinem ganzen heiligen Berg; denn das Land ist erfüllt von der Erkenntnis des Herrn, so wie das Meer mit Wasser gefüllt ist" – damit sich erfüllt, was Christus als Jesus *verheißen hat: „Es wird ein neuer Himmel und eine neue Erde."*

Ein weltweites Werk ist entstanden.

Gabriele, die Prophetin und Botschafterin Gottes, hat wahrlich Großes auf diese Erde gebracht, das wohl erst kommende Generationen in vollem Umfang zu erfassen vermögen. Durch sie konnte und kann der Christus-Gottes-Geist das Füllhorn der göttlichen Weisheit über diese Erde ausgießen – und die reichen Früchte dieses Erdenlebens stehen heute Millionen von Menschen zur Verfügung: in Büchern und auf Tonträgern, aber auch in Radio- und TV-Sendungen gehen sie um die ganze Erde. Auf fast allen Kontinenten haben sich Gruppen und Urgemeinden gebildet, in denen Menschen sich mit diesem geistigen Gut befassen und es Schritt für Schritt in die Tat umsetzen. Das weltweite Werk, das Gabriele schon 1975 von Christus angekündigt wurde – es ist tatsächlich entstanden.

Gabriele jedoch rechnet sich dies alles nicht zu. Sie selbst sieht sich in aller Bescheidenheit als Dienerin Gottes: Sie gibt weiter, was sie von Gott erhalten hat. Das klingt so schlicht und selbstverständlich. Wer kann erahnen, mit welchen Kämpfen, mit welchen Anfechtungen, mit welchem Leid dies alles verbunden war und ist? Gabriele musste und muss verkraften, dass die Warnungen des Christus-Gottes-Geistes vor der heraufziehenden weltweiten Klimakatastrophe auf Betreiben der Priesterkaste in den Wind geschlagen wurden. Sie sieht und weiß, was alles zu verhindern gewesen wäre – und wie nun Schritt für Schritt die Ursachen, die der Mensch gesetzt hat, ihre Wirkungen nach sich ziehen; wie im Gefolge davon unendliches Leid über Mensch, Natur und Tiere hereinbricht und noch hereinbrechen wird.

Nicht weniger belastend als der Zustand der Welt sind für Gabriele die Schwierigkeiten und Probleme, die von jenen verursacht werden, die zum Werk des Herrn ja gesagt hatten, dieses jedoch wieder verließen, oder die zwar bleiben, ihre Verantwortung, die sie übernommen hatten, aber nicht ausfüllen. Gabriele musste und muss dann immer wieder einspringen. Sie sieht, welcher Auftrag in jeder Seele liegt, und sie unterstützt jeden nach Kräften, der sich aufmacht, diesen Auftrag Schritt für Schritt umzusetzen. Gabriele sieht, was alles möglich wäre, was für die Nächsten aufgebaut und was den unzähligen suchenden Menschen gegeben werden könnte – und was von vielen diesbezüglich versäumt wurde. Sie sieht bei vielen die Diskrepanz zwischen geistigem Wissen und eigener Verwirklichung und muss dies tragen, denn jeder Mensch hat den freien Willen, und keiner kann für den anderen die Gesetze Gottes verwirklichen.

Christus über Gabriele

Jeder Mensch hat es selbst in der Hand, das Gnadengeschenk zu nützen, das der Menschheit durch Gabriele gemacht wurde. Und wer könnte dieses Geschenk besser zusammenfassen als Christus selbst, der in dem großen Offenbarungswerk „Das ist Mein Wort" Folgendes offenbart:

Auch in dieser Zeitepoche fließt Mein Wort in der Fülle durch den einverleibten Teilstrahl der göttlichen Weisheit – ein Menschenkind unter den Menschen, das in sich die Gottnähe trägt. ... In der Wende von der alten Zeit, der Zeit unter dem Kausalgesetz, zur Neuen Zeit, der Lichtzeit, offenbare Ich Mich aus allen sieben Grundstrahlen Gottes durch den Teilstrahl der göttlichen Weisheit. Ein mächtiges Strahlenband der ewigen Wahrheit fließt durch die göttliche Weisheit zu den Menschen. Noch einmal wird ihnen Mein Denken und Leben als Jesus von Nazareth nahegebracht. Auch lehre Ich alle, die auf Mich, den Christus, bauen, wieder die Gesetze des Le-

bens und deren gesetzmäßige Anwendung. Wer sie verwirklicht, der beginnt, in das erfüllte Leben einzutreten, und ist ein Miterbauer des Friedensreiches Jesu Christi, von welchem in den zurückliegenden Zeitepochen Propheten und Erleuchtete gekündet haben. [19)]

Und Christus richtet Seine Worte in diesem großen Offenbarungswerk auch an jene Menschen, die dereinst im Friedensreich leben werden. Was teilt Er ihnen über Gabriele mit?

Meine Brüder und Schwestern im Friedensreich Jesu Christi, es ist wichtig für euch, Folgendes zu wissen: In dem einverleibten Teilstrahl der göttlichen Weisheit habe Ich ganz allmählich Mein Licht zum Leuchten gebracht. Ich rief das Menschenkind, in dem das weibliche Prinzip des Cherubs der göttlichen Weisheit einverleibt war, und teilte ihm seinen geistigen Auftrag mit, der dann in seiner Seele mehr und mehr offenbar wurde.
Wisset, wenn der geistige Auftrag in der inkarnierten Seele zu pulsieren beginnt, will es das Gesetz, dass der Mensch darauf aufmerksam gemacht und gefragt wird, ob er das annimmt, was in seiner Seele aktiv ist.
Das Menschenkind bejahte sinngemäß: Ewiger, ich bin Deine Magd, mir geschehe nach Deinem Willen.

Daraufhin begann für sie der große, allumfassende geistige Auftrag, Meine Prophetin und Botschafterin für die ganze Erde zu sein. Immer heller und kraftvoller wurde Mein Licht in ihrer Seele, bis es den Menschen ganz durchstrahlte. Als auch der Mensch gekräftigt war, um Mein heiliges, ewiges Wort zu geben, sandte Ich sie in diese Welt: Von Meinem Geiste geführt, besuchte sie Länder und Städte auf verschiedenen Kontinenten. Ich gab durch sie Mein heiliges Wort in ungezählten Offenbarungen.

In vielen Facetten der ewigen Wahrheit strahlte Mein Licht in diese Welt, auf diese Erde. Es ist die Weisheit aus Gott. An Meinem Lichte entzündeten sich in der gewaltigen Zeitenwende immer mehr Herzen. Die Menschen erkannten die ewige Wahrheit in Meinem Worte. Immer mehr Menschen gingen den Inneren Weg und nahmen das Geschenk des Lebens an, die Lehren und Lektionen aus der ewigen Wahrheit, um Gott, dem ewigen Sein, näherzukommen. ...

Ich wiederhole, so dass es sich euch einprägt: Als Instrument diente Mir der Seraph der göttlichen Weisheit, der für diese und weitere Aufgaben das Fleisch angenommen hatte, um Gott-Vater und Mir, dem Christus, als Magd Gottes zu dienen. Das Leben dieser Frau im Erdenkleid war eine einzige Entbehrung. Trotz vieler Widerstände – vor allem seitens der damaligen Kirchenvertreter – und trotz mancher Niederlagen – durch Menschen, die Mir zwar ihr Ja gegeben hatten, jedoch wieder die Welt aufsuchten – erhob sie sich immer wieder zum Kampf, richtete sich aufs Neue auf und kämpfte gegen alle Widerwärtigkeiten und Widerstände, die ihr entgegengebracht wurden. Tag und Nacht lauerten die Finsterlinge, um sie zu quälen und so zum Schweigen zu bringen. Die Frau, das hohe Geistwesen im Erdenkleid, die Magd Gottes, jedoch schwieg nicht. Nach jedem Kampf, wenn er auch den Körper erschöpfte, richtete sie sich auf und kämpfte weiter für die Gerechtigkeit, das Reich Gottes auf Erden, das Friedensreich – in dem ihr nun lebt. [20]

Und an anderer Stelle, ebenfalls in der Rückschau auf die heutige Zeit, offenbart der Christus Gottes:

Unter diesen Pionieren für die Neue Zeit in Mir, dem Christus, lebte, wie schon offenbart, eine Frau, der einverleibte Seraph der göttlichen Weisheit. Sie wirkte für Mich als Prophetin und Botschafterin und ging allen als ein leuchtendes Beispiel in der Erfüllung der ewigen Gesetze voran. Durch sie, den inkarnierten Teilstrahl der göttlichen Weisheit, und ihr Geistdual, das Positiv der göttlichen Weisheit, habe Ich die Neue Zeit eingeläutet und eingeleitet. [21]

243

Machen wir uns bewusst: Was Christus hier für die Menschen der Zukunft in der Rückschau berichtet, ist heute noch Gegenwart! Wohl dem, der heute die Zeichen der Zeit erkennt und entsprechend handelt! Wer es fassen kann, der fasse es – wer es lassen will, der lasse es!

Johannes, der Afrikaner

Große Propheten werden oft durch andere Wortträger den Menschen angekündigt. Bis vor kurzem wussten wir nicht, dass dies auch bei Gabriele der Fall war – denn die Ankündigung erfolgte auf einem anderen, für Europäer noch immer weitgehend unbekannten Kontinent, Afrika. Anlässlich eines Kuratoren-Treffens der Internationalen Gabriele-Stiftung berichtete ein Teilnehmer in einem ungezwungenen Gespräch etwas Erstaunliches, das wir dem Leser nicht vorenthalten wollen.

Erst wollte er es gar nicht erzählen, denn er ist ein sehr bescheidener und liebenswürdiger Zeitgenosse, der gar nicht gern Aufhebens von sich macht. Doch ganz verheimlichen wollte er es auch nicht, denn er spürte, dass er um eine außergewöhnliche Information wusste. Nennen wir ihn Joseph – sein wahrer Name tut nichts zu Sache, denn er kommt aus Zimbabwe, einem derzeit nicht gerade ruhigen und stabilen Land.

Und so begann er mit seiner leisen, aber prägnanten Stimme zu berichten, was er in zahlreichen Gesprächen und Recherchen ermittelt hatte: von einem gewissen

Sixpence Maseta, der später „John" genannt wurde und der zu Beginn der dreißiger Jahre im damaligen Rhodesien von sich reden machte.

Nennen auch wir ihn also John. „John war ein einfacher Landarbeiter, der in der Stadt Norton zu reden und Menschen um sich zu scharen begann. Viele konnten zunächst nicht verstehen, was mit ihm schiefgelaufen war", berichtet Joseph. „Die ersten Tage dachten sie, er sei verrückt geworden. Bis der zuständige Landbesitzer ihn den Behörden meldete, und er wurde festgenommen. Sie stellten ihn vor Gericht, und dort traten Vertreter der anglikanischen Kirche und der römischen Kirche auf, um gegen ihn auszusagen. Sie fragten ihn, warum er versuchen würde, das Wort des Herrn zu predigen und die Menschen zu veranlassen, in einer Gemeinschaft zu leben. Denn sie argwöhnten, er könnte eine politische Konkurrenz sein, und sie versuchten, ihn anzuklagen und ihn einzuschüchtern. Aber er hörte nie auf. Er machte weiter. Und schließlich wiesen sie ihn in seine Heimatregion aus, nach Rusape."

John dachte tatsächlich nicht daran, aufzugeben. „Ich werde nicht auf die Verbote dieser Welt hören", tat er kund. „Außerdem hat das Innere Wort, das zu mir spricht, mir gesagt, ich soll das Wort weitertragen. Und zudem ist die Bibel, die die Kirche benutzt, nicht die ursprüngliche Bibel, die für die Menschen Richtschnur sein sollte." Solche Aussagen hatten zur Folge, dass die Behörden noch misstrauischer wurden. Auch in seiner Heimatgegend wurde John erneut festgenommen. Doch innerhalb einer Woche ließen sie ihn wieder frei, denn sie hatten nichts, was sie gegen ihn vorbringen konnten.

John besuchte auch sein Heimatdorf, und er teilte seiner Familie mit: „Ich gehöre nicht mehr hierher. Nun werde ich zu jenen geschickt, die meines Vaters Willen tun."

Er verließ das Gebiet seiner Heimat und bestieg einen Berg in der Nähe von Rusape. Dort berichtete er den Menschen, die ihm gefolgt waren, von Offenbarungen, die er erhalten hatte und die ihm nahelegten, nach Südafrika zu gehen. Dort sollte er mit dem Wort und der Lehre fortfahren.

„Sie lebten einfach in der Gemeinschaft", berichtete Joseph. „Und als er im Busch lebte, sagte John seinen Anhängern, sie sollten die Natur respektieren, sie sollten die Bäume nicht abholzen, nicht einmal den kleinsten Busch – er sagte ihnen, dass sie das nicht tun sollten. Er versuchte, ihnen zu sagen, dass sie ihre persönliche Selbstkritik beibehalten sollten, im Hinblick darauf, wie sie miteinander sprachen, wie sie sich verhielten und auch, dass sie eine Ernährungsweise annehmen sollten, die sich nach den inneren Lehren richtete. Eines, was er ihnen erklärte, war: Sie sollten Vegetarier sein."

Und John sagte weiter: „Mir wurde eine Offenbarung gegeben: Ihr sollt arbeiten und beten. Aber arbeitet nicht unter irgendeinem Menschen. Habt eure eigenen Einrichtungen, arbeitet miteinander. Das ist es, was die Himmel wünschen. Denn du kannst jederzeit hingehen, wie du willst, um zu beten, wie du es möchtest. Und wenn ihr es wollt, dann baut eure eigene Schule auf! Ihr könnt eure Kinder lehren, entsprechend den Lehren, wie es der Herr möchte. Die nächste Generation eurer Kinder wird dann Gott anhängen; sie werden sich entwickeln." Aber das kam in all der Armut leider nie zustande, sagt Joseph.

Bei all dem jedoch, das betont er, ließ John seinen Zuhörern immer den freien Willen: „As you wish – wie ihr es wollt, so tut es!", so pflegte er zu sagen. Viele Menschen verstanden seine Lehren. Und sie fragten nach: „Was ist, wenn wir mehrere Frauen heiraten möchten, denn wir haben zu Hause nicht so viel Zeit, und wenn ich zwei Frauen habe, kann das vielleicht bei den anfallenden Arbeiten eine Hilfe sein." Und John sagte: „Wie ihr möchtet."

Und an dieser Stelle merkt Joseph an: „Wie du es möchtest ... Das habe ich auch hier bei euch, bei den Nachfolgern des Jesus von Nazareth, immer wieder gehört."

John ging tatsächlich nach Südafrika. Und er verkündete den Menschen dort: „Diese Lehre ist eine neue Lehre. Ihr hier in Afrika, ihr sollt auf diese Botschaft hören. Ich werde sie in Afrika weiter verbreiten. Und ich tue das für die, die noch kommen wird."

Und John begab sich weiter auf Wanderschaft. Von Südafrika aus zog er weiter nach Sambia; er ging nach Malawi, er ging nach Mozambique. „Zu jener Zeit war es sehr beschwerlich, zu reisen", erklärt Joseph. John überquerte schließlich den Äquator und kam bis nach Äthiopien. Und dort stellte er fest: „Hier beende ich meine Mission, denn in Europa, dort immer geradeaus, wird einst ein Licht aufgehen."

Und er erläuterte weiter: „Im Himmel geht dem Herrn das Vertrauen in die Männer aus. Also werden die himmlischen Kräfte auf eine Frau übertragen. Aber lasst mich euch sagen: Wenn jene Zeit kommt, dann solltet ihr auf die Lehre hören, die durch diese Frau kommt."

Während all dieser Zeit gab es immer wieder Gerede: Dieser Mann will vielleicht politisch aktiv werden; er will seine politischen Ambitionen erfüllen. Und er wurde immer wieder festgenommen. Aber sie konnten nichts finden, was sie gegen ihn vorbringen konnten. Und immer wieder sagte er: „Die Bibel der Kirchen ist nicht die richtige Bibel, die der Herr Seinem Volk zur Kenntnis geben wollte. Also wird diejenige, die kommen wird, die Welt lehren und über all die wahren Dinge, die der Herr immer schon Seinen Kindern nahebringen wollte: über das innere Wesen und über das Leben in der Gemeinschaft."
Er kehrte zurück nach Sambia. Und durch ihn offenbarte der Herr: „Die Frau, sie wird den Namen Gabi tragen."

Es gibt heute noch ein Lied, das aus jener Zeit stammt und sogar noch in unseren Tagen mancherorts gesungen wird.

Und Joseph aus Zimbabwe räuspert sich und singt:
Gabriele, Gabriele, sie wird die Fackel hoch halten
für euch, die Völker, die ihr kommen werdet.

Höret auf die Lehre, die durch sie gesprochen wird.
Es wird euch zum Segen sein.

Afrika, du sollst beten in der Zeit, die kommen wird.
Gott liebt dich.

Gabriele, Gabriele wird die Stimme Jesus Christus oder
Emanuels sprechen,
für euch, die Völker, die ihr kommen werdet.
Höret auf die Lehre, die durch sie gesprochen wird.
Es wird euch zum Segen sein.

Afrika, du sollst beten in der Zeit, die kommen wird.
Gott liebt dich.

Die Zuhörer lauschen wie gebannt. Nicht nur der Name Gabrieles, auch derjenige ihres Geistlehrers, Bruder Emanuel, wurde bereits vor Jahrzehnten vorhergesagt!

Doch Joseph erzählt schon weiter. Zum Beispiel von einer Begegnung, die John mit einem Mann in Port Elizabeth in Südafrika zusammenführte. Dieser Mann versuchte, John zu umschmeicheln, indem er sagte: „Oh, ich habe etwas ganz Besonderes für dich mitgebracht!" Doch John entgegnete: „Das sind irdische

Dinge. Entwickle dich, entwickle dein inneres Selbst! Sei nicht egozentrisch, sei nicht ichbezogen! Im Himmel gibt es keine reichen Leute. Solange du nicht verwirklichst, was gelehrt wird, bringt das gar nichts. Materielle Dinge sind wirklich zweitrangig." Dieser Mann war sehr verärgert, ja schockiert, denn er war jemand, der etwas aus sich zu machen versuchte. Er hatte irgendeine angenehme Antwort erwartet.

Doch auch Joseph hat nicht nur angenehme Worte für seine Zuhörer: „Irgendwie tut mir Europa leid. Ihr habt hier alles. Ihr habt Luxus, ihr habt es schön. Was auch immer ihr wollt an Gütern, das bekommt ihr leicht." Doch für die innere Entwicklung, so merkt er an, könne das eher ein Hindernis sein.

Über seinen Heimatkontinent hingegen sagt er: „Ich sage euch: Der Herr liebt uns in Afrika! Er liebt uns so sehr, ich sage euch, es ist so gigantisch. Und wenn der Herr Seine Werke offenbart, besonders in unserer Zeit, dann baut das auf dem auf, was wir haben. Unsere Schwester Gabriele erreicht uns in Afrika in jedem Winkel, sehr lebendig und sehr klar. Es ist so, als würden die Menschen daran erinnert: Wer ist Emanuel? Wer ist Christus? Es ist keine wirklich neue Botschaft für uns."

Jesus, der Nazarener, wurde von einem Johannes angekündigt – und so geschah es auch mit Gabriele, ebenfalls
durch John, also einen „Johannes". Und das auf einem
Kontinent, der noch immer gewaltig unterschätzt wird.
Die Botschaft des Herrn zieht unaufhaltsam ihre Kreise!

Weitere Zeitzeugen

berichten davon, was sie im Werk des Herrn erlebten, insbesondere mit der Prophetin und Botschafterin Gottes für unsere Zeit, Gabriele.

So mancher Zeitgenosse könnte denken: Wenn ein Mensch schon zum Gottespropheten berufen wird, dann müsste dieser Mensch sicherlich ein relativ einfaches und glückliches Leben führen können. Dass dies nicht so ist, kann man schon in den überlieferten Prophetenbüchern des Alten Testamentes lesen.

Aus der Geschichte wissen wir: Gott, der Ewige, sandte immer dann große Propheten zur Erde, also zu uns Menschen, wenn große Umwälzungen und Veränderungen der bestehenden gesellschaftlichen Ordnung bevorstanden. Der von Gott berufene Mensch spricht als Sein Sprachrohr das aus, was Gott, der All-Eine, der Menschheit mitzuteilen hat. Gott sagt unverblümt, was Sein heiliger Wille ist. Das macht den Gottespropheten automatisch zur Zielscheibe all derer, die an dem Althergebrachten und Traditionellen festhalten wollen – auch dann, wenn sich das Mäntelchen „Althergebracht" und „Traditionell" noch so verdorben, verbrecherisch und

satanisch zeigt. Gerade die heutige Zeit ist davon geprägt.

Doch Gott, der Ewige, All-Eine, lässt uns Menschen in
der kritischen Situation einer Zeitenwende nicht auf
uns gestellt; Er sandte erneut einen großen Propheten,
eine Prophetin, zur Erde. Er rief zur Umkehr auf und
erinnerte an die Zehn Gebote und die Bergpredigt Jesu.
Er warnte die Menschheit vor dem kommenden Klima-
kollaps, der eintreten würde, sollte die Menschheit sich
nicht besinnen und umkehren.

In dieser Zeit spricht Gott, der Ewige, also mächtig
Sein Wort durch Prophetenmund. Tausende von öffentlichen Gottesoffenbarungen wurden durch Seine Prophetin und Botschafterin Gabriele in vielen Ländern
dieser Erde gegeben. Doch von den irdischen scheinbar
„Mächtigen", die sich für größer als Gott halten, allen
voran von der Priesterkaste der institutionellen Kirchen,
wurde, wie zu allen Zeiten, das Prophetische Wort des
Schöpfers der Unendlichkeit und des Christus Gottes
dem Wind übergeben. Schlimmer noch: Sie bekämpften
und bekämpfen das Prophetische Wort Gottes, ebenso
Seine Prophetin und Botschafterin sowie die Nachfolger
des Jesus, des Christus, mit allen ihnen zur Verfügung

stehenden Mitteln – mit Verleumdungen und Boshaftigkeiten bis hin zum Rufmord, wie sie sich nur die Widersacher des lebendigen Christus Gottes ausdenken können.

Schmerzhafter als der Kampf der heuchlerischen „alten Schlange" gegen das lebendige Wort Gottes durch Prophetenmund aber waren und sind die Anfeindungen und Missachtungen gegenüber dem Gotteswort und Seiner Prophetin durch sogenannte „Geschwister", die sich judasgleich verhalten, die das Wort des Ewigen und Seine Prophetin für ihre persönlichen Zwecke missbrauchen wollen – was sich jedoch immer als Missgriff erwies!

Es ist wie zu allen Zeiten: Gottes Wort, in die Welt gesprochen, findet kaum Widerhall. Seine Hilfe und Wegweisung wird von den „Großen" dieser Welt nicht angenommen, sehr zum Schaden der einsetzenden Entwicklungen. Immer deutlicher wird sichtbar, dass das, was der Gottesgeist schon vor über 30 Jahren offenbarte, mehr und mehr eintrifft. Die Folgen der Missachtung des Wortes Gottes zeigen sich jetzt schon unübersehbar. Der herrschende Zeitgeist, der die Erde in den Kollaps führt, wird selbst auch nicht verschont bleiben.

Der ursprünglich so schöne und reich ausgestattete Planet Erde wird für viele Menschen unbewohnbar werden. Unsagbare Not, Leid und Elend werden das Los unzähliger Menschen sein.

Gott warnte! Nun warnen auch Wissenschaftler – doch die Medien sprechen lapidar vom „Klimawandel" und erweckten lange fast den Anschein, es handle sich um Veränderungen, die der Lauf der Zeit nun mal mit sich brächte. Wie lange werden die Regierungen das sich ankündigende irreparable Auseinanderbrechen des Kräftegefüges in allen Lebensbereichen – und den damit verbundenen Zerfall jeglicher Daseinsperspektiven für die heutige Generation und die zukünftigen Generationen – noch verheimlichen können?

Die Klimakatastrophe nimmt jetzt schon apokalyptische Ausmaße an. Es droht weltweit der totale Zusammenbruch.

Doch eines steht unverrückbar fest: Gott hat rechtzeitig gewarnt!

In diese von Chaos und extremem Niedergang bedrohte Welt stellte Er eine große Lehrprophetin, um vieles Unheil abzumildern, um die Weichen hin zum Guten zu stellen, bevor das Gesetz von Ursache und Wirkung voll zum Tragen kommt und unsere Zivilisation mit den

Wirkungen ihrer Ursachen konfrontiert wird und diese durchleiden muss.

Für die Zukunft sei gesagt: Klagen wir nicht Gott an! Es ist nicht Gottes Wille, dass Mensch, Natur und Tiere leiden! Es sind die Ursachen der Mächtigen dieser Erde, die Ursachen der Profitgierigen, allen voran der Priesterkaste, die erneut die Handreichung Gottes verschmähte, und das bequeme, gleichgültige und lethargische Volk, das sich allzu leicht wie Lemminge beeinflussen, manipulieren und kontrollieren lässt – mit allen sich daraus ergebenen Konsequenzen.

Andererseits hören und bejahen Millionen über Millionen einfache Menschen in aller Welt, auf allen Kontinenten, die Botschaft Gottes durch Prophetenmund. Sie beginnen, den Weg nach Innen zu gehen, den Weg an der Hand des wahren Christus Gottes zurück in das ewige Vaterhaus. Frei von Dogmen, Riten, Zeremonien, Priestern und allem veräußerlichten religiösen Tamtam, erleben sie in sich selbst den Geist der Wahrheit. Millionen Menschen sind dankbar und glücklich, dass Gabriele diesen Weg vorausging und aufzeigt, dass Gott, der ewige Geist, in uns lebt. Von Millionen Menschen sind Angst und Last vor einer ewigen Verdammnis gewichen, weil sie in ihrem Herzen erfahren haben und erfahren:

Gott ist Liebe. Er verdammt keines Seiner Kinder. Es gibt also keine ewige Verdammnis.

In der ganzen Welt bilden sich Gemeinschaften im freien Geist des Jesus, des Christus, um Ihm nachzufolgen, freie Christen der Bergpredigt. Nur im stark veräußerlichten Mitteleuropa scheint der Gegenspieler Gottes noch Einfluss zu haben, um die Völker an sich zu binden. Doch Jesus von Nazareth sprach damals schon: „Nirgends hat ein Prophet so wenig Ansehen wie in seiner Heimat und seiner Familie." (Math. 13/57)

Die gesellschaftliche Missachtung des Wortes Gottes durch Prophetenmund, die Verleugnung und Verhöhnung des Christus-Gottes-Geistes durch die institutionelle Priesterkaste, durch die Politiker und die Medien, aber auch die Missachtung des hohen geistigen Bewusstseins in der Person Gabrieles war und ist Bestandteil ihrer Tage, Wochen und Jahre.

Wie kann ein Mensch, den Gott, der Ewige, zu Seiner Prophetin erwählt hat, in dieser brutalen, verlogenen, gewalttätigen und vielfach kirchlich indoktrinierten, gleichgeschalteten und gottfernen Welt überhaupt bestehen?

Wie kann ein Mensch, der sein ganzes Leben in den Dienst des Gottesgeistes stellt, immer und immer wieder die Kraft finden, die unzähligen Enttäuschungen, vor allem durch Mitmenschen, zu überwinden?

Gabriele ist ein Mensch, der vom Wesen her eher scheu und sehr zurückhaltend ist, der kein Aufhebens um seine Person macht. Wie wir in den ersten Kapiteln des Buches schon lesen konnten, musste das tiefe und reine Wort Gottes, das nun seit mehr als 36 Jahren durch Gabriele fließt, von ihr über Jahre hinweg buchstäblich errungen, mit viel Hingabe und Opfermut erarbeitet werden.

Bedenken wir dies wohl! Und welche Wertschätzung bringen die Menschen der Prophetin und Botschafterin Gottes entgegen? Welche Wertschätzung auch gegenüber Gott, dem Ewigen, und gegenüber Christus, dem Mitregenten der Himmel – und schließlich auch gegenüber Bruder Emanuel, dem Cherub der göttlichen Weisheit –, die Gabrieles Weg bereiteten und begleiteten? Nur aus der großen Demut und tiefen Liebe Gabrieles zu Gott, dem Ewigen, ist erklärbar, dass sie die Missachtung und Verwerfung des Gotteswortes – auch von etlichen sogenannten „Geschwistern" – eine so lange Zeit ertragen konnte. Ebenfalls für sie zu ertragen waren und sind jene Menschen, die eigentlich gekommen waren, um mitzuhelfen, die der Prophetin Gottes hätten zur Seite stehen sollen, die Gott das Ja gaben und Gabriele dann mit dem großen Auftrag aus den Himmeln weitestgehend alleine ließen.

Wie groß der göttliche Auftrag war und ist, wie viel an sichtbaren guten Früchten Gabriele trotz alledem gebracht hat, kann der interessierte Leser in dem Buch: „Das Wirken des Christus Gottes und der göttlichen Weisheit" nachlesen.

Gabriele lebt im kosmischen Bewusstsein und hat in sich alle Aspekte des hohen geistigen Wesens, das sie ist, wieder erschlossen. Doch wir dürfen nicht vergessen: Sie ist auch Mensch unter Menschen. Als solcher erfuhr sie oft die Missachtung ihrer Person und des ihr innewohnenden hohen Geistwesens als schmerzlich. Wenn z.B. Menschen, die sich als Geschwister gaben, sie aber, wie gesagt, bei den vielen Aufgaben und Veranstaltungen alleine ließen, die sie dessen ungeachtet aber beäugten und beurteilten – das und weit mehr muss ein Mensch erst zu tragen lernen. Alle Abwertungen und Verurteilungen, auch wenn sie sich nur in Gedanken vollziehen, doch im Gesicht des Menschen zu lesen stehen, sind schließlich Energien.

Wer Gabriele kennt, der weiß, was für ein feiner, liebenswerter, großherziger und sensitiver Mensch sie ist; er weiß, dass sie aufgrund ihres erschlossenen Bewusstseins allerfeinste „Antennen" hat, die jede gegensätzliche Verhaltensweise und jeden Gedanken ihrer Mitmenschen aufnehmen können. Wer dies erfasst, der erahnt andeutungsweise, was es bedeuten muss, mehr als 36 Jahre lang unter oftmals geistig blinden, weitestgehend unbelehrbaren, geistig ungebildeten, verstockten, groben, lauten und vorlauten, streitbaren, neidvollen, aber auch verlogenen, scheinheiligen und teilweise ungepflegten Mitmenschen wirken zu müssen.

Die Mitmenschen von Gabriele haben ihr oftmals wahrlich die einfachsten Dinge des Lebens und Zusammenlebens zu einer Tortur werden lassen, die sich kein Mensch freiwillig auferlegen würde.

Dass Gabriele in allen diesen Jahren niemals aufgab und, trotz Verzweiflung, trotz unzähliger Widrigkeiten und Tiefschläge – vor allem seitens ihrer „Geschwister" – sich immer wieder aufrichtete und weitermachte, um das Christus-Gottes-Werk voranzubringen, zeugt von ihrer großen Demut, ihrer inneren Stärke, der Liebe und Treue zu Gott, ihrem und unserem ewigen himmlischen Vater, und von der Kraft des lebendigen Christus-Gottes-Geistes in ihr.

Ihre wahrlich außergewöhnliche innere Größe kommt auch bei folgenden Gegebenheiten zum Ausdruck: Anstatt das Werk des Christus Gottes an der Seite Seiner Prophetin Gabriele zu unterstützen, das Wohl des gemeinschaftlichen Geschehens mitzutragen, mussten so manche „Geschwister" immer wieder aufgrund privater Schwierigkeiten von der Prophetin Gottes aufgerichtet und getragen werden. Und das ereignete sich nicht nur einmal oder wenige Male – sieben mal siebenundsiebzig mal ist bei weitem nicht übertrieben. So mancher Großmund entpuppte sich als „Wertzeichen" seiner Nichtigkeit, wenn es darum ging, selbstständig Verantwortung zu übernehmen, ob im betrieblichen Bereich oder bei Veranstaltungen. Es zeigte sich immer wieder: Je größer die Selbstüberheblichkeit eines Menschen, desto weniger hat er für Gott, Christus und die Menschen übrig, von Natur und Tieren ganz zu schweigen.

Doch auch weitere Lasten wurden der Prophetin Gottes immer wieder zusätzlich aufgebürdet. Einige sogenannte „Geschwister", die sich im Bund der Einheit fühlten, aber nicht der Einheit dienten, die relativ nahe bei der Prophetin Gottes tätig waren und die für verschiedene Bereiche im Werk des Christus Gottes Verantwortung übernommen hatten, vermengten das Gotteswort mit ihrer Vorstellungswelt und ihrem Meinungsbildnis. Dieses Gemisch gaben sie dann als „gottgegeben" aus, das nach ihren Vorstellungen umgesetzt werden sollte. Die Richtigstellung ihrer Aussagen wurde dann von Gabriele und einigen Nachfolgern des Nazareners in die Wege geleitet, was oftmals mit sehr erheblichem Aufwand verbunden war, begleitet von länger anhaltendem Beleidigt-Sein der Betroffenen.

Doch die Reinheit der offenbarten Lehren des Christus-Gottes-Geistes blieb bewahrt und bleibt bewahrt. Dafür sorgte und sorgt Gabriele. Diesbezüglich gibt es keine Kompromisse seitens Gabriele und einiger Nachfolger des Jesus von Nazareth. Dafür verbürgt sich Gabriele und mit ihr einige wahre Nachfolger des Jesus, des Christus. Für die Wahrheit aus Gott kann sich Gabriele verbürgen, nicht jedoch für den einzelnen Menschen, wie dieser die Gesetzmäßigkeiten des Reiches Gottes im Alltag umsetzt, z.B. die Bergpredigt Jesu oder die Zehn Gebote Gottes durch Mose – das liegt allein in der Verantwortung des Einzelnen. In einer umfangreichen Auswahl von Schriften und Schulungsbüchern Gabrieles gibt es für den wahrhaft Suchenden unzählige Hilfen für alle Lebenslagen.

Gabrieles inneres geistiges Potenzial ist grenzenlos, so auch ihre Kreativität. Ihre geistige Intensität und Kreativität in allen Bereichen des Lebens ist mehr als außergewöhnlich, um nicht zu sagen atemberaubend. Wer darüber mehr nachlesen möchte, dem sei wieder das Buch empfohlen: „Das Wirken des Christus Gottes und der göttlichen Weisheit."

Sicher gäbe es noch sehr, sehr vieles zu berichten. Doch alle Worte können nicht ausdrücken, wie groß die Spannbreite dessen ist, was Gabriele täglich in sich erlebt. Was muss es für einen Menschen bedeuten, einerseits den allmächtigen Gott in sich zu vernehmen und sich andererseits bei vielen Menschen tagtäglich den Sumpf des Allzumenschlichen anschauen zu müssen. Diesen bezeichnen die Mitmenschen leider nur allzu gerne als „das Leben" und ziehen dieses Schein-Dasein, trotz unzähliger geistiger Schulungen, dem Gottesgeist vor.

Eines steht fest: Für jeden Menschen kommt irgendwann die Zeit der Erkenntnis; ob es in diesem Leben oder als Seele sein wird, sei dahingestellt. Irgendwann wird jeder erkennen müssen, welch eine Chance wir Menschen hatten, jeder Einzelne von uns hatte. Gabriele dient dem Christus Gottes, um Ihn, den Mitregenten der Himmel, zu rehabilitieren und letztlich IHM auch die Wege für Sein Wiederkommen im Geiste zu bereiten. Keiner wird sagen können: „Davon habe ich nichts gewusst." Denn SEIN Wort durch Prophetenmund geht um die ganze Welt.

Hunderte von Radio- und TV-Stationen senden tagtäglich das Wort der Wahrheit, das Christus ist, in allen Hauptsprachen dieser Welt zu allen suchenden und willigen Menschen weltweit. Er, Christus selbst, offenbarte uns: „Meine Schafe kennen Meine Stimme!"

Gabriele, die Gott, der Ewige, Seine Prophetin und Botschafterin nennt, ist wahrlich ein außergewöhnlicher Mensch, auch aufgrund ihres Wesens. Dieses ist geprägt von Bescheidenheit und Demut, Liebe und Barmherzigkeit, Klarheit und Weisheit, Tatkraft und Schaffensdrang, Offenheit und Herzlichkeit, Humor und Freundlichkeit, Jugendlichkeit und Spontaneität, aber auch Kampfkraft und Entschlossenheit, Ernsthaftigkeit – und einer schier unglaublichen Geduld mit ihren Mitmenschen, die im Geiste des ewigen Vaters ihre Brüder und Schwestern sind.

Bei Gott, dem Ewigen, gibt es keinen Raum und keine Zeit. Gott ist. Die Erde besteht nach Menschenrechnung einige Milliarden Jahre. Vor ca. 5000 Jahren begann ein Zyklus, der das Kommen des Christus Gottes vorbereitete, sowohl als Mensch in Jesus von Nazareth wie auch Seine Wiederkunft im Geiste auf der gereinigten Erde. Der Zyklus begann mit dem Gottespropheten Abraham. Immer wieder sandte Gott, der Ewige, Seine Boten als Propheten zur Erde, um den Menschen die

Gesetze Gottes zu bringen, sie zu lehren und diese im Alltag anzuwenden. Es waren die Gottespropheten Mose, Jesaja, Hosea, Jeremia und viele andere Gottespropheten.

Vor ca. 2000 Jahren kam der Mitregent der Himmel, Gottes Sohn, als Jesus von Nazareth zur Erde und brachte allen Menschen und Seelen einen Teil Seines göttlichen Erbes, eine unauslöschliche energetische Kraft, Seinen Erlöserfunken, so dass keine Seele mehr verloren gehen kann.

Nach Jesus von Nazareth kamen weitere Boten Gottes, Männer und Frauen, ins Erdenkleid, um die Lehren der Bergpredigt Jesu im Alltag Wirklichkeit werden zu lassen. Die institutionellen Priesterreligionen katholisch und später auch lutherisch verfolgten zu allen Zeiten die wahren Nachfolger des Jesus von Nazareth mit Feuer und Schwert und in der heutigen Zeit mit Verleumdung bis hin zum Rufmord. Nun steht die menschliche sogenannte Zivilisation vor dem totalen Zusammenbruch, weil die Mächtigen dieser Erde das Prophetische Wort Gottes für die heutige Zeit erneut missachten und dem Wind übergaben. Die Menschen nennen diesen Zusammenbruch lapidar „Klimakatastrophe". Für wache Menschen sind jetzt schon die apokalyptischen Reiter am Horizont sichtbar. Somit geht mit der Prophetin Gottes,

Gabriele, der 5000-jährige Zyklus zu Ende, der mit dem Gottespropheten Abraham begann und der mit dieser Zeitenwende endet. Die Prophetin Gottes, Gabriele, ist somit in einer Reihe zu nennen mit den großen Gottespropheten Abraham, Mose und Jesaja. Abraham brachte den Menschen den einen Gott, die Lehre weg vom Baals-Kult, den Priester-Religionen und der Vielgötterei. Mose empfing vom Ewigen die Zehn Gebote Gottes für ein weitestgehend gesetzmäßiges Leben auf der Erde. Jesaja kündigte den Messias, den Christus Gottes, an, den Erdengang des Mitregenten der Himmel, der als Jesus von Nazareth die Erlösung brachte und die geistige Schöpfung rettete. Und Jesaja kündigte das kommende Friedensreich Jesu Christi an. Durch Gabriele erfüllt sich die Verheißung des Jesus von Nazareth: „Ich werde euch den Tröster senden, und Er wird euch in die ganze Wahrheit führen." Und durch sie, Gabriele, wurde der sichtbare Grundstein für das Friedensreich Jesu Christi gelegt.

Jesus, der Christus, sprach und spricht: „Ich mache alles neu" und: „Ich komme bald!"

Wer Ohren hat zu hören, der höre; wer es fassen kann, der fasse es; wer es lassen will, der lasse es.

Ulrich Seifert

*W*elcher Mensch kann einen anderen Menschen gänzlich erfassen?

Das Erleben und jede Schilderung eines Menschen ist immer von dem geprägt und auf die Aspekte beschränkt, die der Beschreibende bei seinem Nächsten zu erfassen vermag. Um wieviel mehr trifft dies zu, wenn es um die Biographie eines Menschen geht, der von Gott den Auftrag hat, Sein Instrument zu sein und für Ihn als Prophet und Botschafter zu wirken; wenn es um einen Menschen geht, dessen erschlossenes Bewusstsein so facettenreich ist, dass er für alle Lebensbereiche aus dem geistigen Füllhorn Gottes zu schöpfen vermag?

Im vorliegenden Buch haben wir erfahren, dass in Gabriele ein hohes, lichtes Wesen inkarniert ist, mit einem allumfassenden Auftrag für diese Erde. Ihr zur Seite steht im Geiste – und mit ihr wirkt – ein weiteres himmlisches Wesen, der Cherub der göttlichen Weisheit, auf Erden Bruder Emanuel genannt. Wir haben erfahren, wie die Kommunikation Gabrieles mit diesem Beauftragten aus der ewigen Heimat aufgebaut wurde und wie sie von ihm geschult wurde, so dass sie heute in der Lage ist, jederzeit in den Strom des Geistes Gottes einzutauchen und aus dem Lichtreich, aus dem ewigen Sein, das Wort der Himmel zu empfangen. Durch

Gabriele wissen wir um die Realität und den Aufbau des Reiches Gottes. Das Lichtreich, das Reich Gottes, ist ein unendliches, absolut feinstoffliches Reich, das von geistiger Schwingung, höchster göttlicher Strahlung, durchwirkt und durchdrungen ist – und es beinhaltet das Leben in einer herrlichen Fülle, Vielgestaltigkeit und Vollkommenheit, die mit nichts von dem zu vergleichen ist, was wir auf Erden kennen. Das reine Sein ist siebendimensional, so auch der Geistleib der himmlischen Wesen. Die Wesen aus dem Reich Gottes, die in einem entsprechenden Auftrag Gottes auf Erden stehen, bedienen sich der Sprache und der Bilder aus den irdischen drei Dimensionen, um sich uns Menschen mitzuteilen.

Gabriele lebt in ihrem Inneren in der konstanten Verbindung mit dem Reich Gottes. Zum Leben als Mensch auf dieser Erde bedarf sie jedoch der Kommunikation mit ihren Mitmenschen. Für den Menschen Gabriele, der in sich mit dem All-Bewusstsein verbunden ist, erfordert es oftmals viel Geduld und Mühe, im Bewusstsein des freien Geistes mit den starren Verhaltensweisen ihrer Mitmenschen zu kommunizieren. Leeres, hohles Geschwätz, gar geistige Floskeln, Verschleierungsmanöver, Grobheiten, konfuses, wirres Reden, all das belastet einen Menschen, der in sich die höchste Strahlung, die göttliche Schwingung, wahrnimmt, dem eine weit feinere Wesensstruktur und gereinigte Seelensinne eigen sind. Das niedere Menschliche belastet auch die Nervenstruktur, das physische Leitsystem, des sensitiven Menschen. Es bedarf der höchsten Konzentration, das fein gestimmte Instrument auf den Ur-Sender Gott ausgerichtet zu halten, währenddessen sich die Umgebung im ständigen Trommelfeuer der allzumenschlichen Verhaltensweisen bewegt.

Es ist ein schweres Joch, das Gabriele zu tragen hat: Erkennen zu müssen, was möglich wäre, und zu erleben, was durch die Verhaltensweisen der Mitmenschen blockiert wird; vorauszuschauen, wie die Verhaltensweisen des Einzelnen diesen in Not, Elend und Leid führen; zu erfassen, wie die ganze Menschheit sich in den Abgrund stürzt und die Mutter Erde mit in den Strudel zieht. Gabriele erkennt, welche Weichenstellung vorzunehmen wäre, beim Einzelnen genauso wie in der Gesellschaft, dem Sturz in den Abgrund zu entgehen. Dies aufzuzeigen und kaum Gehör zu finden, ist eine nervliche Zerreißprobe für den erleuchteten Menschen, der tiefer blickt, der in all das Einblick hat, was dem Durchschnittsmenschen verborgen bleibt. Und Gabriele sieht und schaut nicht nur klar und umfassend, was ist, sondern sie sieht und schaut zugleich die jeweiligen Ursachen und wüsste den Weg heraus aus den Problemen aufzuzeigen. Doch davon wird im Folgenden noch ausführlicher die Rede sein.

Gabriele lebt unter uns. Sie lebt mit uns als die natürlichste Schwester, und doch fühlt man, dass sie oft alleine steht, denn da, wo sie sich bewusstseinsmäßig aufhält, können wir anderen nicht hinkommen. Es ist, als ob ein Sehender mitten unter Blinden lebte. Das, was er sieht, kann er beschreiben. Doch erfassen können es die Blinden jeweils nur so weit, wie es ihrem Auffassungsvermögen entspricht. Sehen können sie es dennoch nicht.

Gabriele – Prophetin Gottes

Gabriele ist Prophetin und Botschafterin Gottes. Die wenigsten Menschen erfassen das Wesen und den Auftrag eines Propheten. Ein Prophet ist nicht ein Hellseher oder gar ein Wahrsager. Der Prophet ist nichts anderes als ein Dolmetscher für die Sprache des Reiches Gottes. Er übersetzt die Lichtsprache in die irdische Muttersprache. So, wie ein Dolmetscher die Sprache, die er übersetzt, erlernen muss, so muss auch ein Gottesprophet lernen, die Lichtsprache der Himmel aufzunehmen und in seine irdische Muttersprache zu übersetzen.

Er muss beide Sprachen kennen und sie entsprechend dem vorhandenen Wortschatz der jeweiligen Sprachen wiedergeben. Er spricht das aus, was Gott, der Herrscher des ewigen Reiches, zu sagen hat. Der Gottesprophet orakelt nicht, er spricht nicht geheimnisvoll. Sein Wort ist klar und so gehalten, dass jeder, der es fassen möchte, es auch fassen kann. Der Prophet legt als Botschafter Gottes und Geistiger Lehrer Gesetzmäßigkeiten des Ewigen aus. Er mahnt und zeigt auf, was sich aus dem gottfernen Verhalten der Menschheit zu entwickeln droht, doch er nennt keine Zeit, da Gott keine Zeit kennt.

Diesen göttlich-geistigen Auftrag als Prophetin und Botschafterin, den kaum jemand zu erfassen vermag, erfüllt Gabriele als Mensch seit über 36 Jahren in treuer, inniger Verbundenheit mit Gott, unserem Vater. Ihm ist ihr ganzes Leben gewidmet. Ihr Fühlen, ihr Denken, ihr Handeln ist einzig darauf ausgerichtet, den unvorstellbar großen Auftrag, den sie vor Gottes Thron angenommen hat, in ihrem Erdenleben zu erfüllen.

Doch Gabriele ist Mensch. Sie erfüllt diesen Auftrag als Mensch unter Menschen. Gott bevorzugt keines Seiner Kinder. Auch auf der Erde, die der Materie angehört, sind alle Seine Kinder gleichgestellt. Gabriele, die im göttlichen Auftrag steht, ist eingekleidet in einen menschlichen Körper, der aus den Elementen der Erde aufgebaut ist. Essen und Trinken, Wachen und Schlafen, Müdigkeit, bis hin zur Erschöpfung, all das ist auch Bestandteil ihrer Tage. Ihre Nerven sind ebenso das Leitsystem für die Empfindungen, Gefühle, Gedanken, Worte und Handlungen wie bei jedem anderen Menschen. Nur sind diese bei Gabriele um vieles feiner. Sie sind zu Sensoren der göttlich-geistigen Welt geworden.

Eine außerordentliche Sensitivität, das Hineinspüren-Können in die Situationen und Gegebenheiten, eine tiefe, umfassende Erkenntnis der Wahrheit, aber auch das Erfassen von Zusammenhängen, das Erkennen von Schwierigkeiten und Problemen und wie diese zu lösen wären – all das läuft über das Nervensystem Gabrieles. Sie leidet oft sehr unter dieser Gabe, denn es ist nicht immer leicht zu tragen, vieles mehr zu sehen, vieles mehr wahrzunehmen, zu erfassen und zu erkennen als seine Mitmenschen. Ebenso schwer ist das Los, in allen Situationen die Lösung zu wissen, sie aber nicht immer umsetzen zu können, vor allem dann nicht, wenn der betreffende Nächste dies nicht will. Aufgrund ihres Bewusstseins erkennt Gabriele frühzeitig heraufziehende Gefahren und hätte auch die Lösung zur Hand, wenn da Menschen wären, die sie verstünden, um das in die Wege zu leiten, was die Situation klären und bereinigen könnte.

Insbesondere fachliche Spezialisten, die sich als weltliche Koryphäen wähnten, verschlossen sich immer wieder den Hinweisen aus dem Bewusstsein Gabrieles. Sie regt an, gibt Hilfen, doch es ist dem Einzelnen überlassen, ob und wie er diese umsetzt. Gabriele respektiert den freien Willen, und manch einer tat und tut das, was er aufgrund seines besserwisserischen Dünkels für das Richtige hält. Auf solchem Tun liegt kein Segen. Stellt sich der Misserfolg dann ein, so legten nicht selten diejenigen die Scherben hin, die sie verursacht hatten. Schlugen die so verursachten Schwierigkeiten und Mängel Wellen, dann wurde das, was sich aus dem Eigensinn und Dünkel, aus der Besserwisserei und Charakterlosigkeit Einzelner entwickelt hatte, nicht selten dem Werk als Ganzes zugeschrieben.

Jeder Mensch hat Fehler und Schwächen, jeder hat seine Unzulänglichkeiten, doch wo der gute Wille ist, für den göttlich-geistigen Auftrag gemeinsam das Gute zu schaffen und in die Welt zu bringen, da findet sich immer ein Weg. Es gilt, gemeinsam die Basis zu finden, die mit den Prinzipien der Gleichheit, Freiheit, Einheit, Brüderlichkeit und Gerechtigkeit für ein geistiges Miteinander gegeben sind. Wer sich diesen Prinzipien partout verschließt, der kann auf die Dauer nicht mit denen wirken, die diese Prinzipien zwar auch noch nicht gänzlich erfüllt haben, aber denen die Erfüllung ein ernstes Anliegen ist, so dass sie sich täglich bemühen, Schritt für Schritt in die Evolutionsprinzipien hineinzuwachsen. So mancher Hahnenkampf führte zur Entzweiung derer, die ursprünglich angetreten waren, gemeinsam für Christus zu wirken.

Schon früh sah Gabriele die Negativtendenzen, die aus der unfriedlichen Grundhaltung etlicher ihrer Mitmenschen erwuchsen. Immer und immer wieder distanzierte sie sich von solchem Verhalten und auch von dem, was dadurch verursacht wurde. Sie zeigte auf, wohin es führen kann, wenn Menschen in Unfrieden und Rivalität, in Besserwisserei, unkooperativem Verhalten und der Ignoranz der Gesetzmäßigkeiten des Lebens sich gegenseitig bekämpften. Etliche Streithähne zogen von dannen. Ihre Streitsucht nahmen sie mit und bewarfen ihre ehemaligen Mitstreiter mit den Vorwürfen ihrer Vorstellungswelt. Auch dadurch wurde vieles dem Werk zugerechnet, was in Wirklichkeit von einzelnen Quertreibern ausgegangen war.

Und wie Aasgeier stürzten sich die institutionell beauftragten Rufmordexperten auf die Berichte von diesen

Unzufriedenen, die ihre einstigen Wegbegleiter mit Vorwürfen und Unwahrheiten verleumdeten. Viele Unzulänglichkeiten wurden dem Werk angelastet, um vor allem das zu instrumentalisieren, was geeignet erschien, den Namen von Gabriele in den journalistischen Schmutz zu ziehen. Sie, die gegen jegliche institutionelle Pöstchenwirtschaft, gegen jegliche Hierarchie immer wieder das urchristliche Ideal der fünf Prinzipien hochhielt und hochhält, musste nun erleben, dass die Unzulänglichkeiten der Einzelnen ihr und der göttlichen Lehre zugeschrieben wurden.

Dass Gabriele in all den Kämpfen nicht verbitterte, ist einzig ihrer unendlich großen Liebe und Treue zu Gott sowie ihrem jugendlichen Wesen zu verdanken, das es immer und immer wieder schafft, sich erneut aufzurichten, andere, weiterführende Wege zu finden, um dem Geist Gottes in dieser Welt zum Durchbruch zu verhelfen.

So schwer die Anwürfe, die Verleumdungen, die Verschmähungen und das Lächerlichmachen seitens der institutionell beauftragten Rufmordexperten beider Konfessionen auch zu tragen waren und sind, für Gabriele sind dies nicht die schmerzlichsten Erlebnisse. Was sie um vieles mehr belastete und belastet und ihr oftmals großes Herzeleid bereitet, war und ist die Charakterlosigkeit so mancher Mitstreiter. Diese hatten mit wehenden Fahnen Gott und Christus das Ja gegeben und damit versprochen, den Kämpfen und Anfeindungen standzuhalten und an Gabrieles Seite als Bruder oder als Schwester zu wirken. Viele versprachen Großes. Als es dann jedoch darum ging, die Lehre des Jesus von Nazareth in ihrem Leben auch in die Praxis umzusetzen, entpuppten sie sich als Maulhelden, die es vorzogen, ihrem bisherigen Charakterbild entsprechend weiter zu leben und ihr Versprechen zu brechen.

Für Gabriele, deren Wesen die Treue zu Gott beinhaltet, war und ist es sehr, sehr schmerzlich, erfahren zu müssen, wie leichtfertig Menschen ihr Versprechen über Bord werfen, oftmals wegen Nichtigkeiten, manchmal wegen ihres Standesdünkels und ihres Anspruches auf privilegierte Behandlung. Sie ließen diejenigen im Stich, die trotz aller Schwierigkeiten bemüht waren und sind, Gott und Christus die Treue zu halten.
Für Gabriele gibt es einzig die Treue zu Gott, das Erfüllen all dessen, was sie Ihm, Den sie über alles liebt, versprochen hat. Trotz allen Ringens und Kämpfens um jeden Einzelnen erfüllte sie ihren Auftrag und hat zusätzlich all das getragen, was durch diejenigen liegenblieb, die das göttliche Werk im Stich gelassen hatten.

Von den meisten Menschen wurde kaum Rücksicht darauf genommen, was es für einen Menschen bedeutet, das Wort Gottes zu geben. Für den Propheten ist dies ein Sich-Abwenden von der lauten Welt, um sich immer mehr im Inneren aufzuhalten, um jederzeit das Wort Gottes empfangen und es an die Menschen weitergeben zu können. Ohne Einfühlungsvermögen wurde Gabriele zu den unpassendsten Zeitpunkten mit fordernden Gesprächen, mit trivialsten Problemen und Anliegen bedrängt. Einige Begleiter redeten auf sie ein, oft bis unmittelbar vor einer Gottesoffenbarung, in der sie vor Hunderten von Menschen – nicht selten über eine Stunde lang – das Wort Gottes zu geben hatte.

Bei Seneca lesen wir sinngemäß: Es gibt zwei Gründe am Tisch des Weisen zu sitzen. Der eine ist, weil man würdig ist, der andere, weil man lernen kann, sich würdig zu erweisen.

Viele Menschen haben das eine mit dem anderen verwechselt, auch im Umgang mit Gabriele. Ihre Natürlichkeit und Aufgeschlossenheit jedem Menschen gegenüber wurde vielfach falsch interpretiert. Aufgrund ihres bescheidenen und entgegenkommenden Wesens fühlte sich so mancher in seiner persönlichen Egowelt bestätigt und glaubte, die ihm anhaftende Trivialität des Allzumenschlichen sei auch das Lebensfluidum des Propheten. Gabriele schwieg und trug; doch es war und ist ein Ringen und Kämpfen Tag und Nacht, und so manche Nacht war und ist mehr mit Sorgen und Nöten gefüllt als mit Schlaf.

Die Treulosigkeit und Charakterschwäche ihrer Mitmenschen konnte und kann Gabriele nicht nachvollziehen. Obwohl sie jeden Menschen durchschaut, ist es für Gabriele immer wieder eine schmerzliche Erfahrung, denn ein solches Verhalten ist ihr vollkommen wesensfremd. Weil sie die Leichtfertigkeit, mit der ein Versprechen gebrochen wird – insbesondere ein Versprechen Gott gegenüber –, nicht nachvollziehen kann, war und ist sie auch immer bemüht, den Einzelnen nach den Gesetzen Gottes zu helfen. Doch so mancher wollte es anders. Er wandte sich ab und ließ Gabriele und die Nachfolger des Jesus, des Christus, mit dem großen Auftrag aus dem Reich Gottes allein. Einige wurden gar zu Verrätern, indem sie den Alleingelassenen das anlasteten, was sie von ihren Vorstellungen und Meinungen nicht durchsetzen konnten.
Viele dieser ehemaligen Mitstreiter, die feuerspeiend weggezogen sind und jetzt in das Alter des Rückblickes kommen, wenden sich nun mit der Bitte um Verzeihung an Gabriele.

Aus einem diesbezüglichen Brief sei stellvertretend ein Satz zitiert: „Ich weiß, dass Du sagen wirst, dass es aus Deiner Sicht keine Veranlassung für eine Versöhnung gäbe, da Du nie etwas gegen mich hattest, nur gegen mein Verhalten."

Solche und ähnliche Briefe erreichen Gabriele immer öfter, denn so mancher merkt, dass auch für ihn das Erdenleben begrenzt ist, und dass das Gesetz Gottes unbestechlich ist.

Auch bei nahestehenden Wegbegleitern musste Gabriele so mancherlei menschliche Unzulänglichkeit über viele Jahre erdulden und schweigend tragen. Gabriele duldete, trug und trägt. Nur wenn es gefährlich wird für den einzelnen Menschen oder das göttliche Werk, erhebt sie ihre Stimme, die dann das Wort des Propheten ist. Gabriele verrät niemanden – das wäre gegen das Gesetz Gottes –, doch das, was durch die Charakterprägung von Einzelnen an Schaden im Werk des Jesus, des Christus, angerichtet wurde und wird, ist mit Fleiß, Mühe und unablässigem Ringen aufzufangen von denen, die treu zu ihrem Wort standen und stehen, allen voran von Gabriele.

Ähnliches bewirkte auch so manches eingefahrene, starre Bewusstsein, das in fachlichen Kategorien eingepfercht ist, denn es erfasst selten die Lösung eines Problems, da es immer nur auf Erfahrung beruht. Dadurch wird alles nach vorgegebenem Schema abgehandelt. Dem flexiblen, umfassenden Bewusstsein Gabrieles steht immer das ganze Spektrum aller Möglichkeiten zur Lösung einer Herausforderung zur Verfügung. In einem einzigen Augenblick spricht die Situation ihr die Lösung zu. Für den Gewohnheitsdenker sind es oft überraschende Lösungen mit vollkommen neuen Gesichtspunkten, die Verblüffung – bei Besserwissern allerdings gar oft Ablehnung – hervorrufen. Der Geist ist dynamisch, und der durchgeistigte Mensch findet in allem die Lösung aus der Situation heraus.

Oberflächliches Denken ist dabei Gabriele ebenso fern wie das Festhalten an Althergebrachtem. Ihr Bewusstsein splittet die Gegebenheiten mit einer analytischen Präzision, mit einem solchen geistigen Tiefblick auf, dass die verborgenen Beweggründe ihrer Mitmenschen ihr ein offenes Buch sind und sie aus den Verhaltensweisen den weiteren Werdegang, die Reaktionen ihrer Mitmenschen, schon im Voraus erfasst. Doch schweigt sie meist, denn jeder ist für sein Tun und Lassen selbst verantwortlich. Lediglich wenn es für den Einzelnen gefährlich werden kann, oder wenn das Geplante ein Anliegen des Werkes gefährdet, erhebt Gabriele ihre Stimme –

immer auf das Auffassungsvermögen der Betroffenen abgestimmt.

Ein Ideal in sich zu tragen, den Weg dorthin zu kennen und zusehen zu müssen, wie er, oft trotz besseren Wissens, nicht beschritten wird, ist für Gabriele sehr, sehr bitter. Der Prophet hält immer zu Gott. Er spricht das aus, was Gott den Menschen zu sagen hat. Wo die Inhalte der göttlichen Gesetzmäßigkeiten abgelehnt werden, da steht der Prophet unter den Menschen allein. Für Gabriele ist dies ein schweres Los, denn sie kennt keine Bevorzugung und keine Kumpanei. Wenn es um das göttliche Werk geht, spricht sie an, was anzusprechen ist, auch wenn sich daraufhin so mancher von ihr abwendet. Selbst wenn sie ganz alleine steht – sie hält Gott die Treue.

Als Prophetin Gottes ist Gabriele dem ewigen Gesetz, das Gott ist, verpflichtet, es zu halten. Wahrheit gegenüber Gott bedeutet Pflicht gegenüber Gott im Reden und Wirken. Wenn Gabriele Wünsche und Gespräche, die rein weltlichen Bedürfnissen entsprangen, nicht akzeptierte, wurde sie gemieden, jahrelang missachtet und über sie negativ geredet.

Gabriele ist ein Feind aller Halbheiten. Während der denkfaule Mensch sich mit einer Situation zufriedengibt, strebt sie hingegen unablässig das Ideal an, das der geistigen Realität entspricht, so weit, wie das ins Auge Gefasste in den drei Dimensionen des Erdenlebens erfüllbar ist.

So mancher Mitmensch wähnte sich am Ziel seiner geistigen Entwicklung angekommen und lebte in der Illusion, durch das Annehmen von geistigem Wissen auch schon weise geworden zu sein. Doch ähnlich wie im physischen Stoffwechsel kein Organismus für den anderen den Stoffwechsel vollziehen kann, um daraus wertvolle Stoffe für die Lebensentfaltung und die Lebenserhaltung zu gewinnen, ähnlich verhält es sich mit geistigem Gut. Wer geistiges Gut aufnimmt und bejaht, der verpflichtet sich, es in seinem Leben umzusetzen. Im übertragenen Sinn heißt das: Er setzt seinen eigenen geistigen Stoffwechsel in Gang, der das auf- und angenommene geistige Wissen Realität werden lässt. Dies geschieht, indem er es Schritt für Schritt erfüllt, und das, was er erfüllt hat, seinem Nächsten in Form selbstloser Lebenshaltung weitergibt. Tut der Wissensbegierige dies nicht, so speichert er wohl geistiges Wissen, doch die Verwirklichung des Wissens bleibt hintenan. Auf diese Weise ist ein solcher Mensch bald nicht mehr in der Einheit mit sich selbst. Er verfällt in eine Fehleinschätzung seiner selbst, denn er ist dann nicht das, was er aufgrund seines geistigen Wissens zu sein glaubt.

Für ein derartiges Verhalten fehlt Gabriele die eigene Erfahrung. Es ist ihr unbegreiflich, wie man etwas bejahen kann und trotzdem das Gegenteil davon tut. Bei vielen, sehr vielen ihrer Wegbegleiter musste sie erleben, dass sich in diesem geistigen Vakuum zwischen geistigem Wissen und geistiger Verwirklichung eine Art Blockade aufbaute, die es dem Menschen oftmals unmöglich machte, zwischen geistigem Wissen und geistiger Erfahrung und Erkenntnis zu unterscheiden. Daraus resultiert unter anderem Fanatismus, Besserwisserei, ein starres, unfreies Denken und eine vorwurfsvolle Grundhaltung, die zu diversen Verhaltensweisen führt, die in keiner Weise zu der Lehre der Bergpredigt des Jesus von Nazareth passen.

Der geistige Mensch verrät niemanden. Deshalb versucht Gabriele, es durch unpersönliche Hinweise dem Einzelnen zu erleichtern, die Ursachen seiner Fehlhaltung zu erkennen. Nimmt der Einzelne diese geistigen Hilfestellungen nicht an, dann muss nach dem Gesetz des Ewigen der Weise schweigen. Er sieht die Gefahr, er schaut die Ursache – und kann nicht eingreifen. So musste Gabriele immer wieder mit ansehen, wie es in der Entwicklung des Einzelnen bis zum Äußersten kam, bevor sich der Wesenszug des negativ geprägten Charakters selbst entlarvte und er schließlich mit mehr oder weniger giftigen Vorwürfen den Weg der Gemeinschaft verließ. Dadurch jedoch wurde der Schaden, den so mancher bei seinen Mitmenschen und am Arbeitsplatz verursacht hatte, dem Werk überlassen und, was das Schlimmste ist, oftmals dem göttlichen Werk und der Person Gabrieles angelastet.

Vieles von dem, was hier dargelegt wurde, ist sehr ernst. Warum so ernst? Weil es für den Propheten ein Kreuzweg ist, der für den Menschen, der diese göttlich-geistige Aufgabe zu erfüllen hat, eine unvorstellbare Last ist, die viel Leid mit sich bringt. Es gäbe so unendlich viel über das facettenreiche Wirken Gabrieles zu berichten, ihre jugendliche, frische Art, ihre Kreativität, ihre Geschwisterlichkeit und ihre Fürsorge, ihr Temperament und ihr Feuer für Christus. Vieles davon ist in der Biographie beschrieben, doch so facettenreich, wie das Licht ist, so facettenreich ist auch ein durchlichtetes Wesen, insbesondere dann, wenn ein Mensch wie Gabriele seinen göttlich-geistigen Auftrag erfüllt und aus dem Füllhorn zu schöpfen vermag, das aus Gott ist.

Martin Kübli

Am Ende der Bergpredigt des Jesus von Nazareth heißt es: „Als Jesus diese Rede beendet hatte, war die Menge sehr betroffen von Seiner Lehre; denn Er lehrte sie wie einer, der göttliche Vollmacht hat, und nicht wie ihre Schriftgelehrten."

Dasselbe ist von Gabriele zu sagen: Sie lehrt aus der göttlichen Vollmacht, als Prophetin und Botschafterin Gottes. Heute, in unserer stark materialistisch geprägten Zeit, ist das für den einen oder anderen eine krasse Aussage, die er nicht begreifen kann oder will. Dabei glauben viele Menschen irgendwie doch noch an einen allmächtigen Gott – aber dieser mächtige Gott soll nicht in der Lage sein, zu Seinen Menschenkindern zu sprechen!? Wo bleibt hier die Logik? Zumal Jesus, der Christus, vor ca. 2000 Jahren den Tröster, den Geist der Wahrheit, angekündigt hat, der uns in alle Wahrheit führen wird. Und wie soll sich Gott Seinen Menschenkindern mitteilen, wenn nicht durch Propheten, die Er zu uns sendet? – wie z.B. durch Mose, Jeremia, Jesaja, durch Jesus, den Christus, der zum Erlöser aller Menschen und Seelen wurde, und nun, in unserer Zeit, durch Gabriele.

Jesus von Nazareth war der Friedensbringer – und Er war auch ein Revolutionär, wie die Lehren Seiner Bergpredigt beweisen. Gabriele zeigt auf, dass jeder Mensch sich Christus schlicht im eigenen Inneren zuwenden kann, und dass es auch heute möglich ist, nach der hohen Ethik und Moral der Bergpredigt zu leben und einzig Jesus, dem Christus, nachzufolgen; Mittler, Priester, Zeremonien, Rituale etc. etc. sind dabei völlig überflüssig. Diese revolutionäre Freiheitslehre passt der heutigen Priesterkaste, die sich mit ihrem Personenkult, mit ihren Riten und Traditionen aufwertet und auf Kosten des Volkes sehr gut lebt, ebenso wenig wie den Pharisäern und Schriftgelehrten vor 2000 Jahren. Und genauso wie damals gegen Jesus von Nazareth hat die Priesterkaste heute wieder zum Rufmord gegriffen, um die Menschen davon abzuhalten, das wahre Wort Gottes zu hören. Die Amtskirchen haben also ihre bösartigen Angriffe gegen Gabriele und gegen das Werk des Herrn lanciert und landauf, landab Verleumdungen verbreitet, bis hin zum Rufmord – und allzu viele Menschen sind darauf hereingefallen.

Wobei die Frage erlaubt sein muss: Warum ist manch angeblich moderner, aufgeschlossener Mensch geneigt, einer Institution mit einer solchen jahrhundertelangen Blutspur, mit ihren – bis heute – offensichtlichen und zum Himmel schreienden Vergehen gegen die Lehre des Jesus, des Christus, Glauben zu schenken, statt sich selbst über das Prophetische Wort der Jetztzeit zu informieren? Wenn es jemandem nicht zusagt, ist ja jeder frei, es wieder zu lassen; aber warum lässt man von vornherein ausgerechnet diejenigen für sich denken, die Jesus von Nazareth damals schon mit deutlichen Worten zurechtwies? Er sprach zu den Pharisäern und Schriftgelehrten: „Weh euch, ihr Schriftgelehrten und Pharisäer, ihr Heuchler! Ihr verschließt den Menschen das Himmelreich. Ihr selbst geht nicht hinein; aber ihr lasst auch die nicht hinein, die hineingehen wollen." Und: „An ihren Früchten werdet ihr sie erkennen. Erntet man etwa von Dornen Trauben oder von Disteln Feigen?" – Allerdings, das Blatt wendet sich, denn die bösen Früchte werden immer klarer sichtbar.

Ein Blick in die Menschheitsgeschichte macht deutlich: Die ursprüngliche, schlichte und reine Botschaft des einen, wahren Gottes, die Lehre der Gottes- und Nächstenliebe, wurde im Lauf der Jahrtausende immer wieder durch Meinungen, Vorstellungen und Priesterkulte verzerrt, verbogen, in ihr Gegenteil verkehrt und mit Füßen getreten. Und zu allen Zeiten sandte Gott Seine wahren Propheten, um mit all dem wieder aufzuräumen – es geht immer darum, die Menschen vor den Folgen ihres gottfernen Tuns zu warnen; es geht darum, dass die

Menschen in aller Freiheit wieder zum wahren Leben finden, zum All-Geist, zu Gott, der im Urgrund der Seele jedes Menschen wohnt.

Ja: In aller Freiheit! Denn, wie Gabriele uns immer wieder nahebringt: Gott *ist* Freiheit, und Er schenkte jeder Seele, jedem Menschen den freien Willen. Er zwingt die Menschen also nicht. Auch hat kein Gottesprophet je eine äußere Religion mit äußeren Zwängen gegründet. Der Prophet zwingt nicht; er dolmetscht das Wort Gottes für seine Mitmenschen – und die Menschen sind immer frei, es anzunehmen oder zu lassen.

Wer es also fassen kann, der fasse es: In unserer Zeit spricht Gott, der Ewige, erneut zu uns Menschen – auch, weil wir es selten so nötig hatten wie jetzt; die Verrohung der Menschheit, die Zerstörung der Erde sprechen eine deutliche Sprache. Hätte die Menschheit das Wort Gottes durch Gabriele angenommen, dann hätten viele Katastrophen, hätte viel Unheil abgewendet oder gelindert werden können, aber es ist heute wie zu Zeiten des Jesus von Nazareth: Die Mächtigen halten an ihrem Ego und an ihrem Reichtum fest und frönen dem Materialismus, und die große Masse des Volkes schwimmt mit dem Strom. Heute ist man im sogenannten christlichen Abendland mit dem Job, ein paar

Hobbys und einem immer stupider werdenden Fernseh-programm zufrieden. – Doch es *ist* wahr: Gott selbst spricht in dieser Zeit zu uns, durch Sein Instrument, die Prophetin Gottes! Wer lässt sich noch aufrütteln?

Allerdings, wenn von Gott die Rede ist, beschleicht den einen oder anderen vielleicht eher ein Gefühl der Be-drohung statt der Freude – warum eigentlich? Auch das ist eine Folge der kirchlich-institutionellen Verzerrung Seiner Lehre, denn Gott wurde meist als grausamer Rachegott präsentiert, der die Menschen in die ewige Verdammnis schickt, wenn sie gegen Seine Gebote oder gegen die Kirchengebote verstoßen. Mit diesem Unfug räumt Gabriele gründlich auf: Durch sie wissen wir, dass Gott, der Ewige, unser aller Vater ist, der alle Seine Menschenkinder liebt. Kein Mensch, keine Seele ist verloren! Alle werden einst nach Hause zurückkehren, in die ewige Heimat, zum ewigen Vater.

Allein schon *diese* Klarstellung brachte bereits Millionen von Menschen die Befreiung von der Knute der furcht-baren Drohung mit der ewigen Verdammnis und ließ ihre Seelen aufatmen. Aufgrund der Lehren des Christus-Gottes-Geistes durch Gabriele haben wir die Gewiss-heit: Die dem Menschen innewohnende Seele ist un-sterblich; der Tod des physischen Leibes ist lediglich der Übergang in das Jenseits, in einen anderen Aggregat-zustand, und der Weg einer jeden Seele führt irgend-wann nach Hause, in die ewige Heimat, von wo wir alle einst ausgegangen sind.

Millionen von Menschen konnten durch die Hinweise Gabrieles auch ihr bis dahin falsches Gottesbild korri-gieren und erleben nun das tiefe, innere Glück, Gott, unseren himmlischen Vater, als den Gott der Liebe, Freiheit und Einheit zu erfahren, Dem sie sich jederzeit im eigenen Inneren zuwenden können, in der Gewiss-heit: Wir sind nicht allein; Gott ist uns nah, Er ist immer für uns da. Er will nicht für *Sich* etwas von uns, sondern *für uns* Menschen, damit wir aus unserem selbstverur-sachten Leid wieder herausfinden, um schließlich wieder den Weg nach Hause anzutreten, in die ewige Heimat, wo unsere ewigen Wohnungen sind.

Welcher Mensch sehnt sich nicht nach Liebe? Gabriele lehrt: Im Urgrund der Seele wohnt in jedem Menschen, und sei er noch so belastet, die Liebe Gottes. Jedem Menschen, jeder Seele ist der Erlöserfunke des Christus Gottes gegeben, die Kraft, die uns Halt und Stütze ist und uns beisteht auf unserem Lebensweg. Das Heil unserer Seele erlangen wir also weder durch schöne

Worte noch durch äußere Zeremonien oder Priester noch durch geistiges Wissen, sondern einzig mit der Hilfe des Christus Gottes durch die Verwirklichung und Erfüllung der Lehren der Gottes- und Nächstenliebe. Den Weg dazu lehrt der Gottesgeist durch Gabriele, mit einer Engelsgeduld, in allen Details. Es ist ein praktischer Weg der Selbsterkenntnis, der uns durchaus auch Mühe abverlangt – das ist nicht immer bequem, aber letztlich sehr erfüllend!

Unzählige Menschen weltweit haben sich aufgemacht und auf diesem Weg ihr Leben zum Positiven verändert. Gabriele gibt Hilfen über Hilfen, wie jeder, der ernsthaft möchte, sein Leben in die Hand nehmen kann, um mit Christus Schritt für Schritt von Leid, Not, Krankheit und Mühsal frei zu werden. Sie ist diesen Weg vorausgegangen, das heißt, alles, was sie lehrt, erfüllt sie selbst – sie ist also der beste Beweis, dass es möglich ist, ein Leben in Einklang mit den Gesetzen Gottes zu führen. Gabriele ist diesen Weg bis zur Vollendung gegangen, und auch deshalb kann man sagen: Sie spricht mit Vollmacht!

Die umfassenden geistig-göttlichen Lehren, die der Gottesgeist durch Seine Prophetin und Botschafterin der Menschheit schenkt, können hier nur andeutungsweise erwähnt werden. Gabriele lehrt z.B. über nie zuvor bekannte kosmische Zusammenhänge, über den Menschen, den Mikrokosmos im Makrokosmos, über das Prinzip Senden und Empfangen und die gigantische Buchhaltung Gottes. Sie gibt umfassende Antworten auf die großen Menschheitsfragen, z.B.: Wer oder was ist Gott? Wer war Jesus von Nazareth, und was bedeutet Seine Erlösertat? Woher kommen wir, wohin gehen wir? Was ist die Seele? Wie lebt die Seele nach dem Hinscheiden des physischen Leibes weiter? Was ist der Sinn des Erdenlebens? Warum gibt es Krankheiten, und wie erlangt man Heilung? Wie kann der Mensch zu Gott finden? Wie lernt man, richtig zu beten? Und vieles, vieles mehr – eine unbeschreibliche Fülle, eine wahre Schatztruhe an geistig-göttlichen Lehren, glasklar, in sich schlüssig und in der Praxis umsetzbar.

Eine leuchtende Perle aus dieser Schatztruhe soll aber hier doch hervorgehoben werden: Die geistig-göttlichen Lehren durch Gabriele führen nicht nur in die Freiheit, sondern auch zur Liebe und Einheit. Wegen der grausamen Kirchenlehre in Bezug auf die Tiere und die Natur zweifeln viele Menschen an Gott und sagen sinngemäß: „Das kann nicht sein! Wenn Gott solches Elend, solche Brutalität, ja gar das Abschlachten Seiner eigenen Geschöpfe sanktioniert, dann will ich nichts mit Ihm zu tun haben!" Mit den Lehren aus dem Gottesgeist über die Einheit allen Lebens gewinnen Menschen weltweit wieder den Glauben an Gott, unseren liebenden Vater. Gabriele klärt auch darüber auf, dass Jesus von Nazareth bereits vor 2000 Jahren den Tieren zur Seite stand und sich für sie einsetzte, dass Er die Menschen damals schon lehrte, den Tieren kein Leid zuzufügen, denn sie sind wie unsere kleinen Brüder und Schwestern, die zu uns aufschauen und für die wir mit Liebe sorgen dürfen und sollen. Es ist unmöglich zu sagen, wie viel dieses Wissen für jene Menschen bedeutet, die Tiere lieben und schon immer – richtigerweise – dachten: „Es kann doch nicht sein, dass Jesus Seine Mitgeschöpfe schlachten ließ! Und Er würde niemals gutheißen, was wir Menschen heute mit den Tieren machen!"

Für sehr viele Menschen war – und ist – die Vorstellung allerdings völlig neu, dass das Gebot der Liebe auch den Tieren gegenüber gilt, und dass die Missachtung der Geschöpfe Gottes nicht ohne Wirkung bleibt, entsprechend dem Gesetz „Was der Mensch sät, wird er ernten" – doch sie haben in ihren Herzen Gabrieles Lehren über die Einheit allen Lebens als Wahrheit erkannt und aufgehört, Fleisch zu essen. Möge in allen Menschen das Bewusstsein der Einheit allen Lebens erwachen, damit das Quälen und Schlachten unserer Mitgeschöpfe, der Tiere, bald ein Ende hat!

Bei Gabriele bleibt es, wie immer, nicht beim Wort allein, sondern es folgt die Tat – die Internationale Gabriele-Stiftung, die von ihr ins Leben gerufen wurde, ist die tätige Nächstenliebe, eine Wiedergutmachung an Natur und Tieren (Ausführliche Informationen sind in der Broschüre der Internationalen Gabriele-Stiftung enthalten; siehe auch www.gabriele-stiftung.de).

Gabriele hat höchste und zugleich „alltagstaugliche" Spiritualität in diese Welt gebracht, die uns vermittelt, was Leben bedeutet: Leben ist Gott; Leben ist Friedfertigkeit, göttliche Liebe und Harmonie, es ist Einheit mit der Mutter Erde und all ihren Geschöpfen – ein Angebot für jeden geistig suchenden Menschen. Gleichzeitig hat Gabriele, trotz aller Angriffe von außen und zahlreicher, nervenzermürbender „interner" Probleme, ein weltweites Werk gegründet. Sie war und ist stets die treibende Kraft, die unermüdlich aktiv ist, um Gott und ihren Mitmenschen zu dienen, um den Willen des Herrn in die Tat umzusetzen. Das ist für eine einzige, sehr zierliche und äußerst feinfühlige Frau eine übermenschliche Leistung. Man wird Gabriele aber nicht in irgendwelchen Talkshows sehen oder auf großen Empfängen zu Ehren ihrer Person. Auch das ist einmal mehr ein Beweis für die Echtheit von Gabriele als wahrer Gottesprophetin, denn sie erhebt keinen Anspruch für sich selbst; sie stellt sich nie in den Mittelpunkt, sie duldet kein Getue um ihre Person und möchte nichts für sich. Sie weist einzig auf Gott, unseren ewigen Vater, und auf Christus hin.

Wer kann Gabriele wirklich erfassen, geschweige denn beschreiben, wie sie ist? Die Worte, die zur Verfügung stehen, sind überdies schon so abgegriffen und von Vorstellungen geprägt. Dennoch hier einige Streiflichter, die dem Leser vielleicht einen Eindruck vermitteln:

Dass Gabriele die Kraft hat, nun seit über 36 Jahren das Prophetenamt zu tragen, so viel Gutes in die Welt zu bringen und dabei alles durchzustehen, was ihr ihre Mitmenschen zugemutet haben, ist nur durch ihre unverbrüchliche Liebe zu Gott zu erklären und durch ihre Selbstlosigkeit. Kaum jemand kann erahnen, was es bedeutet, sein Leben ganz und gar in den Dienst für den Herrn zu stellen und nichts, aber auch gar nichts mehr für sich selbst zu wollen.
Gabriele ist ein durch und durch selbstloser, bescheidener und demütiger Mensch. Man wird sie nie sagen

hören: „Ich will, dass etwas so und so gemacht wird!" – das ist nicht ihr Stil. Sie bestimmt ihre Mitmenschen nicht, sondern zeigt die Gesetzmäßigkeiten auf, immer *für* Christus, *für* das Werk, *für* das Gemeinwohl. Auch wenn es um äußere Abläufe geht, ordnet sie nie etwas an, sondern bringt eine tolle Idee ein, fragt aber dann in die Runde: „Was meint ihr?"

Gabriele stellt sich nie über ihre Mitmenschen; sie ist uns schlicht Schwester; ihr Auftreten ist frei und natürlich. Sie ist warmherzig, freundlich, großzügig, fürsorglich und sehr einfühlsam. Mit ihr zusammenzusein oder ein Gespräch zu führen, ist eine Freude. Es ist auch immer lehrreich, denn man kann sich an so vielem ein Beispiel nehmen. Gabriele hört z.B. ihren Nächsten immer aufmerksam zu und gibt dann eine wohlüberlegte, klare Antwort. Sie unterbricht ihren Nächsten nicht, und man hört von ihr auch keine Floskeln oder Worthülsen. Ihre Worte sind immer mit Sinngehalt gefüllt – selbst wenn sie ihre Mitmenschen einfach als Brüder und als Schwestern anspricht, dann ist das keine Begrüßungsfloskel! Ob bei Schulungen oder Gesprächen, ihr Wort ist immer vom ganzen Gesetz Gottes getragen. Wie oft bleibt ein Gespräch unter Menschen fruchtlos, weil die Beteiligten z.B. aneinander vorbeireden oder jeder nur endlich seinen Beitrag dazugeben will, ohne die Worte des Vorredners überhaupt zu beachten? Ganz anders Gabriele: Sie baut auf dem Beitrag ihres Nächsten auf. Das bringt eine ganz andere, positive Energie in die zu besprechende Sache und führt in kurzer Zeit auch zu einem guten Ergebnis.

Während die meisten Menschen sehr schmalspurig orientiert sind – sie erfassen vielleicht gerade mal das, was sie im Augenblick interessiert –, behält Gabriele alles im Herzen; ihr Bewusstsein umfasst immer das ganze Gemeinwohl. Ihre Kreativität ist schier unerschöpflich. Sie sprudelt vor Ideen und hat auch den Tatendrang, dafür zu sorgen, dass es nicht bei der Idee bleibt, sondern dass wieder etwas Gutes oder Schönes zustandekommt. Weltlich gesprochen, müsste man sie als Power-Frau bezeichnen, wenn der Ausdruck für sie nicht viel zu grob wäre. Sie ist dynamisch und jugendlich; bei ihr gibt es keine Starrheit, sondern immer das Lebendige, die Weiterentwicklung.

Auffallend ist auch ihre Freiheit in Gott, ihre Ausrichtung einzig auf Ihn, den Ewigen. Gabriele ist von niemandem abhängig; sie spricht niemandem zu Munde. Sie begegnet ihren Mitmenschen mit Liebe, Weisheit, Güte und

Barmherzigkeit, aber auch mit Klarheit und Ernsthaftigkeit – und sie weiß, was der Einzelne jeweils braucht. Wären alle diese Eigenschaften die Saiten eines Instrumentes, dann könnte man sagen: Gabriele weiß genau, wann welche Saite anzuschlagen ist, damit für ihre Nächsten eine gesetzmäßige Melodie erklingt.

Wie schon gesagt, Gabriele lebt das, was sie ausspricht; letztlich ist das, zusammengefasst, die Gottes- und Nächstenliebe. Das heißt, sie ist auch immer *für* ihre Mitmenschen und behält selbst diejenigen, die ihr und dem Werk des Herrn übel zugesetzt haben, im Herzen. Das heißt nicht, dass das Üble schöngeredet wird, ganz im Gegenteil; gerade wenn es um eine Gefahr für das Werk des Herrn geht, sind ernste und klare Worte angebracht. Gabriele spricht diese allerdings nicht etwa aus persönlichem Ärger, sondern immer aus dem Gesetz, so, wie Jesus von Nazareth es tat, als Er z.B. die Händler aus dem Tempel vertrieb.

Gabriele ist konsequent und geradlinig, mit einem analytischen Verstand. Eine Rede z.B. kann noch so wohltönend und eloquent sein – wenn sich dahinter Schwachsinn oder gar böse Absicht verbirgt, dann durchschaut das Gabriele sofort. Das lehrt sie auch immer wieder, sinngemäß: Bleibe bei dir; lerne, selbst zu denken; lerne, selbst zu hinterfragen; lerne, zu analysieren und abzuwägen.

Es gäbe noch viel, viel mehr zu sagen, und es würde doch nie ausreichen, um dem Wesen Gabrieles auch nur annähernd gerecht zu werden. Wer sie ein bisschen kennt und auch nur eine leise Ahnung von der Schwere ihres Lebensweges hat, der kann nur darüber staunen, dass sie trotz allem ihren Sinn für Humor sowie ihre Jugendlichkeit und Spontanität bewahrt hat. Und dass Gabriele eine solch unendliche Geduld mit uns, ihren Mitmenschen, hat, ist nur möglich, weil sie wahrlich in Gott, unserem ewigen Vater, lebt.

Christine Schulte

Der Versuch eines Nachwortes ...

$\mathcal{D}$as Lesen des Manuskriptes der Biographie Gabrieles hinterließ für mich ein unsicheres Gefühl, ja die Frage, ob es wohl die „Schreibform" überhaupt vermag, letztlich dem Menschen und Wesen Gabrieles auch nur annähernd gerecht zu werden.

Zu groß ist ihre Leistung und zu unauslotbar ihr Wesen, dass eigentlich jeder Versuch, dieses große göttliche Phänomen in unserer Zeit zu beschreiben, ein armseliges Gestammel bleiben dürfte.

Wohlgemerkt, es soll hier nicht der Zweifelnde überzeugt werden, aber der Suchende möchte vielleicht noch etwas von dieser Frau, die von Gott, unserem Schöpfer, Seine Prophetin und Botschafterin genannt wird, erfahren, das ihm eventuell hilft, das Großartige, das uns geschieht, besser zu erfassen.

Ist es möglich, dass sich manch ein Leser auch schon einmal gewünscht hat, Jesus von Nazareth begegnet zu sein? Ich gestehe, diese Gedanken kamen mir ab meinem 30-sten Lebensjahr immer wieder, weil mir das Kirchengehabe immer fremder und mit der Jesus-Lehre unvereinbarer erschien. Als ich dann von einer Prophetin Gottes erfuhr, stellten sich mir zunächst alle Haare dagegen auf.

Doch ich prüfte. Ich sah eine Frau, sehr bescheiden, gut gekleidet und durchaus als Frau sehr attraktiv. Eine unerklärbare, aber unaufdringliche Ausstrahlung umgab sie wie ein zartes Licht.

Was ich zu hören bekam, als der Gottesgeist durch diese Frau, Sein Instrument, zu sprechen begann, war mir zunächst fremd, aber trotzdem so überwältigend, dass ich fortan keine göttliche Offenbarung mehr ausließ – und das war 1981.

Ein Mensch braucht oft sehr lange Zeit, bis er begreift, was Gott tut. Leider gehört der Schreiber zu dieser Spezies, und noch dazu war er zu lange ein Besserwisser, trotz jahrzehntelanger täglicher Gegenbeweise. Erst in reiferen Jahren beginne ich zu erahnen und langsam zu begreifen, welch großes Wunder vor unseren Augen geschieht. Deshalb möchte ich hier dennoch den bescheidenen Versuch wagen, dieser großen Frau, Gabriele, mit meinen Worten einigermaßen gerecht zu werden.

Um auch nur annähernd zu erfassen, welche große Leistung diese zierliche Frau vollbrachte und vollbringt, sei nur in Erinnerung gerufen, dass sie bereits im Januar 1975 Gott, ihrem Vater, das Ja gab. Inzwischen sind bis Januar 2011 36 Jahre vergangen. Das sind über 13.000 Tage!

Was diese über 13.000 Tage und Nächte für Gabriele bedeuten, vermögen nur Gott-Vater, Christus und Bruder Emanuel zu ermessen. In dem großen Christuswerk „Das ist Mein Wort" ist sinngemäß beschrieben, dass Gabriele nur von wenigen Menschen erkannt wurde. Auch der Schreiber gehörte viele Jahre zu diesen Menschen.

Will man das Große annähernd erfassen, was da mit einem Menschen geschah, von dem Gott „Besitz ergriff", so sollte man einmal versuchen, sich in diese Situation hineinzuempfinden: Da kommt Gott und sagt: Fortan wirst du ausschließlich für Mich tätig sein. Du musst deine Familie und dein Heim verlassen und allein den Menschen dieser Erde als Prophetin dienen, damit sie den Heimweg zu ihren himmlischen Wohnungen wieder finden. Du sollst für die Menschheit „der Geist der Wahrheit" sein, der sie in alle Wahrheit führt ...
Wie glauben Sie, hätten Sie als Mensch wohl reagiert? – Ungläubig, erschreckt, hoffend, dass dieser Kelch an Ihnen vorübergeht?
Aber an Gabriele ging dieser Kelch nicht vorüber. Ihre wissende Seele drängte sie zum Ja. Und damit war sie fortan, wie Walter Nigg schreibt, eine Gefangene Gottes, ohne das Privileg des freien Willens. Sie blieb aber

Mensch mit den Nerven und den Organsystemen, die uns Menschen nun einmal eigen sind. Keine „göttliche Veränderung" trat ein, keine Bevorzugung; nichts, aber auch gar nichts wurde ihr geschenkt. Alles musste Gabriele sich erarbeiten, erkämpfen und durchleben. Welche Überwindung es für sie allein bedeutete, das sichere Heim zu verlassen und in eine völlig fremde, ungewisse Zukunft zu gehen – das können sich nur die Wenigsten vorstellen. Allein im Vertrauen auf Gott, ohne jede irdische Sicherheit!

Hätten Sie da nicht gezittert? Sie zitterte auch, schlief fast nicht mehr – aber sie tat es, im tiefen Vertrauen und in der Liebe zu Gott, unserem himmlischen Vater. Das ist die großartige Leistung dieser bescheidenen Frau, dass sie aus Liebe zu Gott Ihm über 13.000 Tage die absolute Treue hielt und hält. Es gibt wohl keinen Menschen auf dieser Erde, der Ähnliches vollbracht hat! In allen Stürmen, Enttäuschungen, Verfolgungen durch Priester und Presse hielt sie Gott die Treue. Immer wieder sagte sie: „Ich habe es Gott versprochen - also tue ich es auch."

Selbst auf den anstrengenden Reisen, wenn ihre Begleiter stöhnten, hielt sie beherzt durch und erfüllte den Auftrag Gottes. Viele aufreibende Begegnungen vermochten ihre Geduld und Liebe niemals zu erschüttern.

Auch die Ablösung von der Familie war für Gabriele als „Familienmensch" eine ungemein harte Prüfung. Sie ließ alles stehen und folgte IHM nach: In eine Wohngemeinschaft mit ungehobelten Egoisten und Individualisten, in eine Wohnung, die täglich vom Umbaulärm durchdrungen wurde, zu Menschen, die sie als Menschen, aber nicht als Prophetin Gottes sahen, und sich nicht scheuten, ihr Menschliches ihr zuzumuten. Doch sie ertrug es im Bewusstsein, dass es Gott so will und sie keine Sonderbehandlung erwarten darf. Sie trug es und lernte dabei das Allzumenschliche ihrer Mitmenschen sehr nahe kennen. Sie litt unsäglich und rang mit Gott – erfüllte aber ihre tägliche Pflicht. Sie schrieb, lehrte in Schulungen, gab das göttliche Offenbarungswort an vielen Orten dieser Erde, versuchte wenigstens ihrer Umgebung die Prinzipien für ein Leben nach hohen ethisch-moralischen Werten beizubringen, damit das Gotteswerk Gestalt annehmen konnte.

Eine weitere überragende Eigenschaft Gabrieles war und ist ihre eiserne Disziplin. Ihr Tagwerk ist streng organisiert. Sie erledigt alles zu dem Zeitpunkt, an dem es anfällt, geht jeder Frage bis auf den Grund nach und ist mit Halbheiten niemals zufrieden.

Als Frau ist sie perfekt gepflegt; nicht die leiseste Nachlässigkeit war ihr in den vielen Jahrzehnten nachzusagen. Sie trainiert ihren Körper, soweit sie die Kraft und Möglichkeiten findet.

Und sie war und ist ihren Mitmenschen stets gewogen. Selbst ihre engste Umgebung hörte von ihr niemals eine Klage, niemals eine Anschuldigung.

Gabriele wurde als Mensch oft allein gelassen. Denn kein Mitmensch hat sich mit ihr auf den Weg gemacht, sein Bewusstsein so zu schulen, dass es nur annähernd an das von Gabriele heranreichen würde. Gewiss hat sie seit der Ausbildung zur Prophetin Gottes die Möglichkeit, jederzeit Kontakt zur geistigen Welt aufzunehmen. Doch die Antworten auf persönliche Fragen sind immer gesetzmäßig und für einen Menschen vielfach nicht leicht anzunehmen.

Es ist ein Beweis für die Göttlichkeit ihres Auftrags, dass sie als zarte Frau über Jahrzehnte diesen Anforderungen standhielt. Können Sie sich vorstellen: 36 Jahre keinen Urlaub zu machen, täglich (= sieben Tage pro Woche) mindestens 12 Stunden zu arbeiten, nachts selten normal zu schlafen – und doch jeden Tag wie ein sprudelnder Brunnen neue Impulse zu geben? Es beginnt beim Frühstück mit den Gedanken und Plänen, die nachts geboren wurden, und endet oft erst gegen 23.00 Uhr mit Lösungsvorschlägen für Aufgaben oder Schwierigkeiten.

Ein weiteres Phänomen von Gabriele sind ihre Fähigkeiten in fast allen Bereichen unseres Lebens. Bedenkt man, dass Gabriele nur eine schlichte Schulbildung und relativ geringe berufliche Erfahrungen hatte, so ist es ein weiterer Beweis für die Göttlichkeit ihres Auftrags. Das erschlossene Bewusstsein von Gabriele vermag zu allen Fragen des Lebens auf dieser Erde eine treffsichere Antwort und Lösung zu geben. Sie hört konzentriert zu, fragt gezielt, geht kurz in ihr Inneres und gibt eine Antwort, die selbst Fachleute mit Erstaunen zur Kenntnis nehmen müssen.

Die Zahl ihrer Fähigkeiten ist schier unerschöpflich, deshalb auch nur schwer zu schildern. Es geschah in den vielen Jahren ihres Wirkens kein einziges Mal, dass sie keine Lösung fand, wenn es um das Werk Gottes ging. Es kann daher lediglich ein Versuch sein, das Spektrum ihrer Fähigkeiten zu beschreiben.

Beginnen wir im Alltag.

Gabriele gestaltet jeden Esstisch zu einer schönen und gepflegten Tafel. Das beginnt beim Geschirr, beim Besteck, den Kerzen, Figürchen, der Tischdecke auf der Tafel und vielen Details, die das Besondere ausmachen. Gabriele kann wunderbar kochen, und das in einer Geschwindigkeit, die manchen Koch erstaunen ließe. Aus Speiseresten zaubert sie dann noch einmal ein köstliches Mahl, das sich selten wiederholt und deshalb für die Hausgenossen zum unvergessenen Genuss wird. Eine weitere Fähigkeit besteht in der Gestaltung von Räumen, Häusern, Gärten, Fluren, Parks und vielem anderen mehr. Sie findet für jeden Menschen die geeignete Einrichtung, gibt einmalige Empfehlungen für beste Gestaltung von Räumen jeder Art und Größe und sucht dabei, alles „Alte" umzugestalten und preisgünstig zu erneuern. Ihre Entwürfe sind absolut harmonisch und gleichzeitig so außergewöhnlich, dass es Architekten oft schwer fällt, diese nachzuvollziehen und umzusetzen.

Immer findet Gabriele das Einmalige und durchaus Erschwingliche. Selbst auf Gebieten, die von Spezialisten beherrscht werden, gibt sie bescheiden Vorschläge, die – angenommen und umgesetzt –, nur noch zum Staunen führen.

Gabriele wüsste, was jeden Menschen am besten kleidet. Sie entwirft Kleidung für Mann und Frau mit wenigen Strichen, empfiehlt Stoffe und Farben.

Sie fragen, warum Gabriele das tut? Sie bringt für den Aufbau des Friedensreiches Anregungen, die angenommen werden können, aber niemals müssen. Werden sie angenommen, spüren die Beschenkten die wunderbare Schwingung der Kleidung, Wohneinrichtung, der Farben und Formen. Die Ergebnisse sind immer harmonisch und daher außergewöhnlich wohltuend.

Gabriele könnte jede Frage beantworten, die auch nur gedacht wird. Das tut sie aber nur, wenn sie ausdrücklich darum gebeten wird.

Es ist so schwer, das Einmalige dieser Frau zu beschreiben!

Viele Menschen wissen, dass Gabriele eine außergewöhnlich große Liebe zur Schöpfung Gottes hat. Weil Gott, der Geist unseres himmlischen Vaters, in allem ist, redet sie mit dem universalen Gesetz in allem. Das glauben Sie nicht?

Viele Menschen ihrer Umgebung durften schon oft Zeuge sein, wenn sie mit Tieren sprach – ob mit Wildtieren im Wald oder den Tieren auf der Weide, dem Hund oder der Katze.

Alles Angesprochene gibt Antwort, denn die Schöpfung Gottes ist Einheit und Gegenwart. Auffallenderweise gehen die Tiere auf Gabriele zu und sagen ihr, was sie möchten. Wird es erfüllt, staunen die Beteiligten und dürfen erleben, wie ein Tier oder ein Baum oder eine Blume herrlich gedeiht und seiner Lebensfreude Ausdruck gibt.

Gabriele ist aber auch eine fleißige Schriftstellerin. Viele Hundert Titel entstammen ihrer Feder. Sie schreibt und spricht auf Tonband. Sie können sich ja selbst überzeugen. Die Bücher werden alle angeboten. Sicher sind auch viele göttliche Offenbarungen unter den Büchern – aber auch sie benötigen der harten Arbeit bis zum Druck. Um das göttliche Wort aufzunehmen, bedarf es einer ungemein großen Konzentration und der vertrauensvollen Ausrichtung auf den Gottesgeist. Das wurde zwar bereits ausführlich beschrieben, ist jedoch für uns Menschen fast nicht nachvollziehbar.

Da kommen wir zur nächsten großen Leistung von Gabriele. Sie schöpft Kraft im Gebet. Jede kleinste Zeiteinheit und Pause wird genutzt, um zum himmlischen Vater oder dem Christus Gottes zu beten. In allem Leid und in jeder Einsamkeit findet Gabriele allein aus dem Kontakt mit dem himmlischen Vater und Christus die

Kraft, wieder aufzustehen und dem göttlichen Auftrag weiter zu dienen. Würden wir es ihr gleich tun, so könnten wir erfahren, dass der Geist unseres Vaters und der Christus-Gottes-Geist immer helfen. Nicht immer so, wie wir es wünschen – aber immer so, wie es gut ist für Mensch und Seele.

Es ist zu befürchten, dass der Versuch, Gabriele, der Prophetin und Botschafterin Gottes mit meinen Worten ein wenig gerecht zu werden, doch nur sehr mangelhaft gelungen ist.

Eines dürfte nun aber ganz bestimmt klar sein: Gabriele ist wahrhaft das Wesen, von Gott in diese Welt gesandt, um allen Menschen guten Willens den Weg in die ewige Heimat zu weisen. Wer es fassen kann und den Weisungen folgt, kommt ganz bestimmt zum Ziel, und wer es lassen möchte, der lasse es und folge weiter den Schalmeienklängen dieser Welt.

Irgendwann werden alle Menschen und Seelen an der Hand des Christus Gottes den Weg in die ewige Heimat finden und auf dem Weg dorthin erleben, dass jedes Wort von Gabriele die Wahrheit der Himmel ist.

Ein „Emaus-Jünger" auf dem Weg

Fußnoten

Zur Einführung
1) So die Würzburger Dekane beider großen Konfessionen in einer ökumenischen Verlautbarung gegen die urchristliche Bewegung unserer Tage, zit. nach M. Holzbauer, „Des Satans alte Kleider", S. 120
2) Walter Nigg, „Prophetische Denker", Verlag Das Wort, S. 13
3) ebenda, S. 123
4) ebenda, S. 124 f.
5) ebenda, S. 126

Kapitel 1
1) „Der Gabriele-Brief", Nr. 6, Gabriele-Verlag Das Wort, S. 31 ff.
2) Ebenda, S. 36 ff.
3) Ebenda, S. 45 ff.
4) Walter Nigg, „Prophetische Denker", Gabriele-Verlag Das Wort, S. 126 ff.
5) „Der Prophet", Nr. 9, S. 22 ff.
6) „Der Christusstaat", 2/87, S. 2
7) „Der Gabriele-Brief", Nr. 6, S. 48 ff.
8) „Der Christusstaat", 3/88, S. 2 f. vgl. auch: Matthias Holzbauer, „Des Satans alte Kleider", s. 140 f.
9) „Der Gabriele-Brief", Nr. 6, S. 55 ff.

Kapitel 2
1) „Eine kurze Auto-Biographie – Der Prophet – das Instrument Gottes – Gabriele erinnert sich", enthalten in: „Der Weg zum kosmischen Bewusstsein", Band 1, S. 14
2) „Ihr Priester und Priester-Hörigen! Welchen Propheten haben eure Väter nicht verfolgt? Was macht ihr heute mit der Prophetie der Jetztzeit?", Gabriele-Verlag Das Wort 2008, S. 12ff.
3) „Der Weg zum kosmischen Bewusstsein", Band 1, S. 14f.
4) Auch enthalten in: „Das ist Mein Wort, Alpha und Omega, das Evangelium Jesu – die Christusoffenbarung, welche inzwischen die wahren Christen in aller Welt kennen."

5) „Der Weg zum Kosmischen Bewusstsein", Band 1, S. 16-27

6) „Welchen Propheten haben eure Väter nicht verfolgt", S. 15ff.

7) „Der Weg zum Kosmischen Bewusstsein", Band 1, S. 27

8) „Des Satans alte Kleider", S. 58

9) „Der Weg zum Kosmischen Bewusstsein", Band 1, S. 27f.

10) Näheres hierzu: „Des Satans alte Kleider. Gott ist die Wahrheit – der Satan die Lüge. Die Prophetin Gottes sagt aus", Gabriele-Verlag Das Wort 2009

11) „Der Weg zum Kosmischen Bewusstsein", Band 1, S. 28f.

12) Walter Nigg, „Prophetische Denker", Gabriele-Verlag Das Wort

13) „Welchen Propheten haben eure Väter nicht verfolgt?", S. 19ff.

14) „Der Weg zum Kosmischen Bewusstsein", Band 1, S. 30ff.

Kapitel 3

1) „Welchen Propheten haben eure Väter nicht verfolgt?", S. 12

2) „Des Satans alte Kleider"

3) Näheres hierzu in dem Buch „Der Auftrag Gottes an die Söhne Gottes und an die göttliche Weisheit für das Wiederkommen des Christus Gottes", Gabriele-Verlag Das Wort 2009

4) „Des Satans alte Kleider", S. 67 ff.

5) „Der Auftrag Gottes an die Söhne Gottes und an die göttliche Weisheit für das Wiederkommen des Christus Gottes"

6) Nähere Einzelheiten hierzu: „Des Satans alte Kleider", S. 94f., „Der Auftrag Gottes", S. 93ff.

7) Weitere Beispiele: „Des Satans alte Kleider", S. 95ff.

8) Gabriele-Verlag Das Wort 2009, S. 238ff.

9) Das ist Mein Wort, S. 1091 ff.

10) ebenda, S. 291

11) Ausführliches zur Gründung der Gemeinde, zu ihren Aufgaben und Konflikten findet sich in dem Kapitel „Anspruch und Wirklichkeit der Bundgemeinde neues Jerusalem" in: „Des Satans alte Kleider", S. 155 ff.

315

12) Vgl. Das Kapitel „Die ‚Aussteiger': viel Lärm um nichts", in: „Des Satans alte Kleider", S. 229 ff.

13) Ausführlich wird dies geschildert in den Büchern „Der Steinadler und sein Schwefelgeruch", Verlag das Weiße Pferd sowie „Des Satans alte Kleider"

14) Vgl. dazu: „Der Schattenwelt neue Kleider – Klimawandel: Gott hat rechtzeitig gewarnt

15) Vgl. z.B. „Das Wirken des Christus Gottes und der göttlichen Weisheit", S. 181 ff.

16) Der große Gabriele-Brief, S. 80 ff.

17) Ebenda, S. 85

18) Ebenda, S. 89

19) Das ist Mein Wort, S. 200, 204

20) Ebenda, S. 288, 407

21) Ebenda, S. 260

Lesen Sie auch ...

Das Wirken des CHRISTUS GOTTES und der göttlichen WEISHEIT

Aus der Liebe kam daher die Weisheit und wohnt unter den Menschen, heute in der Zeit der Erlösung

Wer oder was ist die göttliche Weisheit? Warum wurde sie aus der Theologie verdrängt? Wer ist der Tröster, wer die „hohe Frau", von der in der Bibel die Rede ist? Und warum wissen wir so wenig über die Propheten? Dieses Buch zieht einen weiten Bogen über das Wirken des Christus Gottes und der göttlichen Weisheit – vom Urbeginn bis heute. In verständlicher Form wird aufgezeigt, wer zur Zeit auf der Erde lebt und wirkt: die einverleibte göttliche Weisheit. Und allen Menschen soll die Botschaft von diesem historisch-kosmischen Ereignis nahegebracht werden, damit jeder erfährt, was sich auf Erden Großes vollzieht; wer Gabriele, die Prophetin und Botschafterin Gottes, ihrer geistigen Herkunft nach ist, was sie geleistet hat und was zu erwarten ist: die geistige Wiederkunft Christi, die durch das Wirken der göttlichen Weisheit vorbereitet worden ist.

Mit 2 DVDs: Begleiten Sie die Prophetin Gottes bei einem Spaziergang über das Friedensland. Sehen Sie, was durch sie aus der siebendimensionalen Welt in die drei Dimensionen transformiert wurde und was alles entstanden ist, und hören Sie, was Zeitgenossen, die Gabriele kennen, über sie zu sagen haben.

296 S., geb., Euro 24,50
Best.-Nr. S 456. ISBN 978-3-89201-294-8